3일만 해도 몸이 달라지는 당질 제한 식단

저탄수화물
다이어트 레시피 145

오오바 에이코 지음 | 박선정 옮김

루미너스

고기, 튀김도 OK~
맛있게 배불리 먹어도 살이 빠진다!

수많은 다이어트에 도전했지만, 매번 중간에 포기하고 말았다는 사람들이 많습니다. 다이어트를 포기하게 되는 이유는, '공복감을 참기 어려워서…', '맛있는 음식을 포기할 수 없어서…', '칼로리 따져 먹는 게 힘들어서…' 등 다양합니다.

바로 이런 사람들을 위한 절대 실패하지 않는 다이어트 식사법을 소개합니다! 지금 일본에서 많은 사람들이 실천하고 있는 당질 제한 다이어트 또는 로카보(Low-carbo) 다이어트라 불리는 '저탄수화물 다이어트'입니다.

오랜 기간 요리연구가로 활동해온 나는 우연한 기회에 탄수화물을 제한한 요리 레시피를 연구하고 개발하는 일을 하게 되었고, 호기심에 한번 따라 해보게 되었습니다. 고기도 먹고 술도 먹으며 무리 없이 했는데도 6개월에 7kg을 감량했습니다. 저탄수화물 다이어트의 효과를 확실히 느끼게 되었지요. 이후로는 나만의 페이스를 유지하면서 지금까지 꾸준히 실천해오고 있습니다.

이 책에서 사용하는 '당질'이라는 용어는 탄수화물을 가리킵니다. 정확히 말하면 탄수화물은 당질과 식이섬유를 포괄하는 개념입니다만, 식이섬유는 인체에서 소화가 되지 않아 혈당을 올리지 않습니다. 따라서 일반적으로는 당질 = 탄수화물로 이해해도 좋습니다.

당질 제한식은 쌀, 밀, 감자 등에 많이 함유된 당질을 가능한 한
섭취하지 않는 식이요법입니다. 쉽게 말해 밥, 빵, 면류 등의 주식 대신 단백
질과 지방질이 많이 포함된 부식을 충분히 먹는 식사이지요. 식사 선택의 기준이 탄수화물
과 설탕이기 때문에 칼로리를 계산할 필요도 없고, 스테이크든 돈가스든
실컷 먹어도 괜찮습니다. 와인과 기름기 많은 안주도 먹을 수 있어요. 거기에 디저트까지!
'이게 정말 다이어트 메뉴 맞아?' 하는 의심이 들 정도로 먹음직스러워 보이는 음식을
먹고도 살이 빠지니 신기할 것입니다. 사람에 따라 다르긴 합니다만,
3일만 실천해도 체중이 빠지거나 몸이 달라지는 것을 경험하실 거예요.
그런데 우리가 흔히 아는 탄수화물만 안 먹는다고 해서 '저탄수화물 다이어트'가 되는 건 아닙니다. 주식 외에 일상적
으로 먹는 채소와 과일, 조미료, 소스 등에도 알게 모르게 탄수화물이 함유되어 있거든요.

원칙적인 당질 제한식은 하루에 당질을 10~20g 이내로 섭취해야 하지만, 이 책은 '조금 느슨한 당질 제한 다이어트'
라서 혈당을 올리지 않는 선에서 밥이나 빵, 면류도 적당량 먹을 수 있습니다. 처음부터 주식을 완전히 금지하는 것이
아니기 때문에 누구나 쉽고 편하게 시작할 수 있고, 맛있게 즐기면서 다이어트를 할 수 있지요.
저탄수화물 다이어터뿐 아니라 탄수화물 중독이 심한 사람도 이 책과 함께
저탄수화물 생활을 시작해보아도 좋을 거예요. 하루 한 끼만이라도
탄수화물 없이 식사를 하면서 탄수화물과 '기분 좋은 거리감'을 가져보는 거지요.
전혀 어렵지 않지요?
그럼, 저탄수화물 다이어트에 대해 더 자세히 설명할게요.

식후 혈당 상승을 막아라!
탄수화물을 제한하여 살이 빠지는 체질로

왜 탄수화물을 과다 섭취하면 살이 찌고 섭취를 줄이면 살이 빠지는지, 그 이유에 대해 알아봅시다. 살이 빠지게 되는 원리를 이해하면 더 즐거운 마음으로 저탄수화물 식단을 시작할 수 있을 거예요.

탄수화물이 많은 음식을 먹으면 살이 찐다!

혈당이란 혈액 속 포도당의 농도를 말합니다. 탄수화물 음식을 먹으면 음식에 포함된 당질이 포도당으로 전환되어 혈액 속 포도당의 양이 급격하게 증가합니다. 즉, 혈당이 급상승하지요. 혈당이 상승하면 이를 낮추기 위해 췌장에서 인슐린이 분비됩니다. 인슐린은 당을 에너지원으로 사용할 수 있게 간이나 근육에 저장하는데, 한 번에 다 저장되지 못하고 남은 당은 '지방'의 형태로 몸에 축적됩니다. 그래서 탄수화물 함량이 많은 식사를 하면 체내에 지방이 쉽게 축적됩니다. 인슐린을 '비만 호르몬'이라고 부르는 이유입니다.

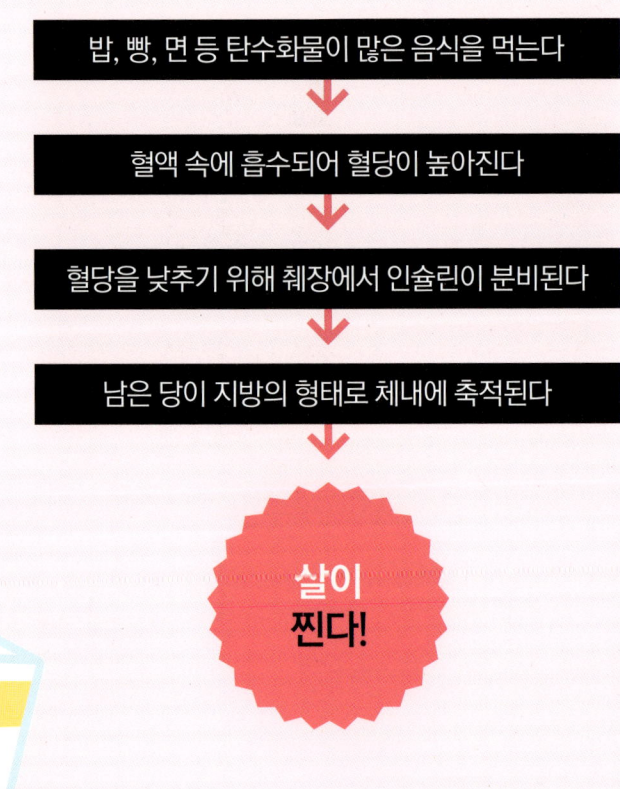

밥, 빵, 면 등 탄수화물이 많은 음식을 먹는다
↓
혈액 속에 흡수되어 혈당이 높아진다
↓
혈당을 낮추기 위해 췌장에서 인슐린이 분비된다
↓
남은 당이 지방의 형태로 체내에 축적된다
↓
살이 찐다!

탄수화물을 제한하면 살이 빠진다!

식사를 할 때 탄수화물 음식을 제한하면 식후 혈당이 급격하게 높아지지 않습니다. 그래서 '비만 호르몬'인 인슐린이 거의 분비되지 않고 지방이 체내에 축적될 일도 없습니다. 더욱이 에너지원으로 사용할 포도당이 부족해지기 때문에 우리 몸은 체내에 축적된 지방을 분해해서 에너지원으로 사용하기 시작합니다. 탄수화물을 제한하면 이렇게 체내에 쌓인 지방이 점차 소비되어 결과적으로 살이 잘 빠지는 체질로 변하게 됩니다. 체지방 감량뿐 아니라 혈당이 높은 당뇨 환자의 혈당 관리에도 도움이 됩니다.

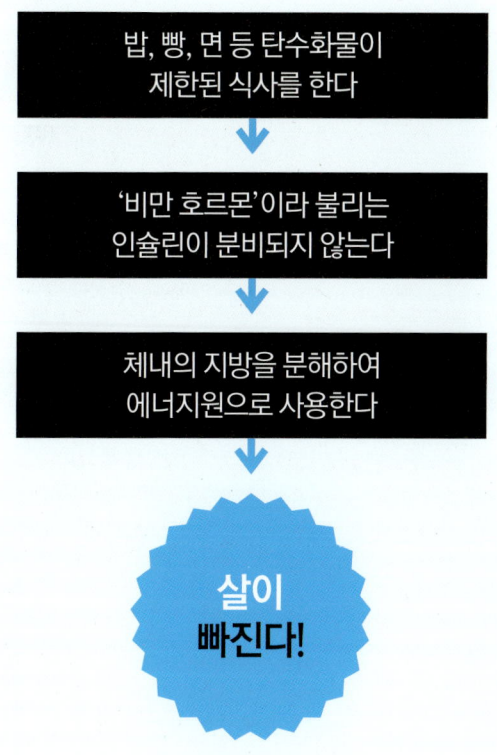

밥, 빵, 면 등 탄수화물이 제한된 식사를 한다
↓
'비만 호르몬'이라 불리는 인슐린이 분비되지 않는다
↓
체내의 지방을 분해하여 에너지원으로 사용한다
↓
살이 빠진다!

메뉴 선택의 기준은 '탄수화물'!
저탄수화물 다이어트 식사법

다이어트 효과를 보려면 당질 함량이 낮은 음식을 골라 하루 세끼 꼭꼭 챙겨 먹는 것이 중요합니다. 절대 굶지 마세요! 먹고 싶은 만큼 먹어도 좋습니다. 살 빼는 비결은, 단지 당질을 줄여서 먹는 것입니다.

당질은 겨우 **9.1g**

당질을 제한하면 돈가스도 OK!

고기나 생선 등 단백질이 풍부한 음식에는 당질이 거의 함유되어 있지 않습니다. 혈당을 상승시키는 원인은 오직 당질뿐이기 때문에 단백질이나 지방은 많이 먹어도 혈당에 영향을 미치지 않지요. 오히려 근육의 원료가 되는 단백질과 좋은 지방을 적극적으로 섭취하는 것은 다이어트에 도움이 됩니다. 천연버터를 비롯해 등푸른 생선에 많은 오메가-3지방산과 올리브오일, 코코넛오일 등은 다이어트 효과를 높여줍니다.

하루의 당질 권장섭취량은

저탄수화물 다이어트에서 권하는 하루 당질 권장섭취량은 총 70~130g입니다. 균등하게 배분하면 아침, 점심, 저녁 각 20~40g, 간식 10g입니다. 혈당의 급상승을 막기 위해서는 하루 권장섭취량의 총량 이내라도 많은 양의 당질을 한꺼번에 섭취하지 않는 것이 중요합니다. 예를 들어 세끼 식사 중 한 끼에 100g 이상을 섭취해버리면 안 됩니다. 체지방 감량을 원한다면

20~40g 정도를 끼니마다 일정하게 섭취하는 것이 가장 바람직합니다. 한 끼에 40g 이내의 당질 섭취는 식후 혈당 상승에 영향을 미치지 않거든요. 쌀, 밀 등의 곡물과 감자, 호박 등 당질이 많은 일부 식품을 기억해두었다가 그 식품만 피하면 되므로 어렵지 않습니다.

탄수화물 섭취를 줄이는 비결

갑자기 탄수화물을 어떻게 줄여야 할지 어렵게 느껴진다면 평소 식생활에서 당질 함량이 높은 밥, 빵, 면류의 양부터 줄여보세요. 콩비지밥이나 곤약밥 등으로 적절히 대체해 먹으면 더욱 좋습니다. 한 끼 식사에서 밥은 반 공기, 식빵은 1장이 권장량입니다. 주식의 양을 줄이는 대신 당질 함량이 적은 고기, 생선, 달걀, 채소 등을 배부르게 먹어서 전체적인 식사량을 맞춰줍니다. 또한 아침 식사를 포함해 하루 세끼를 반드시 챙겨 먹는 것도 중요합니다. 아침 식사를 거르면 점심과 저녁 식사 후의 혈당이 더 올라간다는 데이터가 있거든요. 혈당 상승은 비만의 원인이 된다는 사실을 꼭 기억해두세요. 탄수화물을 줄여서 체중 감량 효과를 느끼기 시작하면, 하루 20g 이내의 완전한 탄수화물 제한식도 실행해보세요.

살짝 출출할 때는 치즈나 삶은 달걀

공복감이 느껴질 때는 빵이나 과자를 먹지 말고, 마트나 편의점에서 손쉽게 구할 수 있는 치즈나 삶은 달걀을 추천합니다. 치즈와 달걀은 당질 함량이 적고 천천히 소화되어 포만감이 오래가기 때문입니다. 단백질이 풍부한 우유나 두부, 연두부를 먹어도 좋습니다. 주의할 것은 설탕이 든 음료를 곁들이지 말아야 한다는 점입니다. 우리가 무의식중에 먹는 편의점의 수많은 음료 속에는 알게 모르게 설탕이 많이 들어가 있습니다. 설탕도 당이므로 되도록 삼가야 합니다.

튀김, 볶음, 조림 등 어떤 조리법도 OK!

칼로리를 제한하는 다이어트에서는 튀김이나 볶음처럼 기름을 사용하는 조리법은 살이 찐다고 금지합니다. 하지만 저탄수화물 다이어트에서는 기름을 사용한 어떤 조리법도 제한하지 않습니다. 기름이나 버터 같은 유지류는 당질 함량이 적어 혈당을 상승시키지 않으므로 안심하고 사용할 수 있어요.

섭취량에 주의! 당질 함량이 많은 식품

맛있어서 먹다 보면 과다 섭취하게 되는 식품들이 있습니다. 과자, 케이크, 각종 음료수 등이 그렇지요. 이러한 식품은 무의식중에 더 많은 탄수화물 식품을 먹도록 부추기기 때문에 절제하기가 매우 어렵습니다. 하지만 한 번 제한하기 시작하면 혈당이 큰 폭으로 오르내리지 않기 때문에 그 욕구가 자연스럽게 줄어듭니다. 밥, 빵, 면 등을 비롯해 당질 과다로 조심해야 하는 식품은 다음과 같습니다.

> **[채소]** 감자, 고구마, 토란, 호박 등은 피하는 게 좋음
> 양파, 토마토, 뿌리채소도 섭취량에 주의(자세한 수치는 → p.148)
>
> **[주식]** 밥, 빵, 면류(자세한 수치는 → p.176)
>
> **[간식·과일]** 케이크, 화과자, 스낵, 바나나 등(자세한 수치는 → p.228)
>
> **[주류]** 사케, 맥주, 발포주(자세한 수치는 → p.223)

실컷 먹어도 좋다! 당질 함량이 적은 식품

저탄수화물 다이어트 메뉴는 주로 고기, 생선, 달걀 등 단백질이 풍부한 재료를 기름으로 조리하기 때문에 포만감이 아주 높습니다. 이러한 식재료와 함께하는 버섯과 해조류에는 식이섬유가 풍부한데 정장 작용을 돕는 효과가 있어 다이어트에 도움이 됩니다. 흔히 유제품은 칼로리가 높아 다이어트에는 적합하지 않다고 생각하기 쉽지만, 저탄수화물 다이어트에서는 걱정할 필요가 없습니다. 모두 저당질 식품이므로 안심하고 먹어도 됩니다. 그밖에 주류나 과일은 당질 함량이 적은 것을 선택해 먹도록 합니다.

> **[육류]** 닭고기, 돼지고기, 소고기, 양고기 등(자세한 수치는 → p.022)
>
> **[어패류]** 생연어, 참치, 오징어 등(자세한 수치는 → p.078)
>
> **[달걀·대두 제품]** 달걀, 두부, 아츠아게 등(자세한 수치는 → p.110)
>
> **[유제품]** 생크림, 치즈 등(자세한 수치는 → p.140)
>
> **[채소]** 콩나물, 시금치, 가지, 피망 등(자세한 수치는 → p.146)
>
> **[버섯·해조류]** 만가닥버섯, 퓨고버섯, 미역 등(자세한 수치는 → p.149)
>
> **[주류]** 소주, 위스키, 와인 등(자세한 수치는 → p.223)
>
> **[과일]** 아보카도, 딸기 등(자세한 수치는 → p.229)

꼭 알아둬야 할 조미료의 당질량

높은 칼로리 때문에 피하게 되는 기름이나 버터 등은 당질 함량이 아주 적은 조미료라서 고기 요리에 활용하기 좋습니다. 그런가 하면, 시판중인 불고기 소스나 돈가스소스는 설탕이 많이 들어 있어 주의가 필요합니다. 표시된 설탕의 양을 꼭 확인하고 구매하세요. 사용하는 조미료에 따라 요리의 맛과 다이어트 효과가 좌우되므로 조금 비싸더라도 이왕이면 양질의 제품을 선택하기를 권합니다(각각 1큰술 기준 당질량).

추천 조미료

올리브유 등의 기름 0g　　버터 0g　　마요네즈 0.5g　　생크림 0.5g

기타 | 소금…0g, 카레가루…0.5g, 곡물 식초…0.4g, 쌀 식초…1.1g

주의가 필요한 조미료

백설탕 8.9g　　밀가루 6.6g　　토마토케첩 3.8g　　우스터소스 4.2g

기타 | 굴소스…3.3g, 아마미소(순한 맛의 미소된장)…5.8g, 불고기소스(시판)…6.0g, 녹말…7.3g

초보자도 할 수 있다!
저탄수화물 다이어트 성공 노하우

최고의 당질 제한 요리연구가이자 '저탄수화물 다이어트' 실천자인 오오바 에이코가 알려주는 다이어트 성공 비결!
3일만 실천해도 내 몸이 달라지는 걸 느낄 수 있습니다.

1 주식을 줄이고 부재료를 듬뿍 넣어라

이 책에는 누구나 쉽고 맛있게 따라 할 수 있는 저탄수화물 레시피 145가지가 소개되어 있습니다. 기본 식단은 메인 요리와 서브 요리, 약간의 주식입니다. 가장 먼저 고기, 생선, 달걀, 대두 제품인 메인 요리를 고르고, 그 다음 그에 맞는 서브 요리와 주식을 곁들이면 되지요. 주식의 양이 좀 부족하게 느껴진다면 당질이 낮은 채소, 버섯, 해조류 등의 부재료를 듬뿍 넣어서 포만감을 주세요(탄수화물 제한식에 자신이 붙은 사람이라면 주식 없이 메인 요리를 더 먹어도 됩니다).

2 저녁 한 끼부터 '저탄수화물 식단'

저탄수화물 다이어트를 실천하는 방법에는 3가지 스타일이 있습니다. 첫째 삼시 세끼 모두 철저히 탄수화물 제한하기, 둘째 아침이나 점심 한 끼만 주식을 취하고 나머지는 탄수화물 제한하기, 셋째 저녁 한 끼만 탄수화물 제한하기 등입니다. 처음부터 탄수화물을 바로 제한할 자신이 없다면 저녁 한 끼부터 시작해보세요.

3 비슷한 식재료로 대체해 먹어라

주변에서 쉽게 구할 수 있는 재료로 간편하고 맛있게 만들 수 있는 레시피를 수록했지만, 사는 지역이나 장소에 따라서는 딱 맞는 식재료나 조미료를 구하지 못할 수 있습니다. 그럴 경우에는 식재료별 당질량표(p.230)를 참고해 비슷한 당질량을 가진 식품으로 대체하거나 응용해 먹어도 무방합니다.

4 밀가루, 빵가루, 조미료에 주의!

기름을 사용하는 것은 괜찮지만, 당질 함량이 많은 밀가루나 빵가루를 사용할 때는 정해진 양을 꼭 지켜주세요. 밀가루는 정확하게 계량한 후 브러시를 이용하여 얇게 펴 발라주세요. 또한 설탕이 포함된 조미료를 피하고, 사용하더라도 양에 주의하세요.

5 저탄수화물 다이어트의 구세주

매일 먹는 밥과 설탕을 살짝 바꾸기만 해도 다이어트가 더욱 편하고 맛있어집니다.

콩비지밥이나 실곤약밥_ 정제된 흰쌀밥보다는 콩비지나 실곤약을 넣어 지은 밥을 먹는 게 더 효과적입니다(p.170 참고). 일본에는 고(高)아밀로오스 쌀과 보리, 멥쌀을 적절히 배합한 쌀이 있는데, 일반 밥(정백미)보다 당질은 36% 낮고, 식이섬유는 9배나 많습니다.

라칸토S_ 설탕과 동일한 단맛을 내지만 당질은 0g입니다. 휴대가 가능한 커피 설탕용 외에 차가운 음료에 사용하기 편리한 액상형도 있습니다(일본 SARAYA사 제품, 왼쪽 사진). 국내에도 이와 비슷한 천연감미료로 맛과 효과가 좋은 '모그리톨S'가 있습니다.

6 술은 당질이 적은 술로!

저탄수화물 다이어트에서는 술과 술안주, 거기에 디저트까지 먹을 수 있습니다. 주류를 고를 때는 맥주 대신 당질 함량이 적은 와인 등을 선택하고, 디저트는 당질이 낮은 감미료를 사용한 것이어야 합니다. 술은 마셔도 좋지만 과음은 금물입니다.

7 외식할 때 메뉴와 식사법

다이어트 중 외식을 해야 할 경우 메뉴 선택의 우선순위는 '당질 함량'입니다. 냉면, 메밀국수처럼 칼로리가 낮아 보여도 탄수화물이 많은 음식이라면 피하고, 당질이 낮은 고기덮밥 등을 선택해 고기는 먹고 주식은 최대한 적게 먹습니다. 고추장이나 간장, 굴소스, 토마토소스 등 당질 함량이 높은 소스를 베이스로 한 음식도 피합니다.

8 시판 음식의 영양 성분 확인하기

편의점이나 마트에서 식품을 사게 될 때, 가급적이면 영양 성분표에서 당질 함량을 확인합니다. 식품 영양 성분에 당질이라고 표시되어 있지 않은 것은 탄수화물의 함량을 확인하면 됩니다. 설탕, 감미료 등도 체크합니다.

예) 스모크치킨 영양 성분(1팩, 35g)

- 열량 43kcal
- 나트륨 234mg
- 탄수화물 0.8g
- 지방 0.4g
- 단백질 9.0g
- 식염 상당량(식염 이외의 나트륨 화합물 등에서 유래하는 나트륨의 환산치가 가산된 값) 0.6g

Contents

고기, 튀김도 OK~
맛있게 배불리 먹어도 살이 빠진다! … 002

식후 혈당 상승을 막아라!
탄수화물을 제한하여 살이 빠지는 체질로 … 004

메뉴 선택의 기준은 '탄수화물'!
저탄수화물 다이어트 식사법 … 006

초보자도 할 수 있다!
저탄수화물 다이어트 성공 노하우 … 010

이 책의 사용법 … 016

돼지고기피자 … 043
탕수육 … 045
돼지고기된장구이 … 047

〈소고기〉
소고기스테이크 … 049
소고기양념구이 … 051
소고기아스파라거스말이 … 053
일본식 고추잡채 … 055
소고기스키야키조림 … 057
소고기샤브샤브 … 059

〈다진 고기〉
햄버그스테이크 … 061
마파두부 … 063
돼지고기숙주볶음 … 065
크림소스양상추롤 … 067

〈닭간·닭모래집〉
닭간부추볶음 … 069
닭모래집튀김 … 071

〈양고기〉
양갈비허브마리네구이 … 073
양고기쿠민볶음 … 075

PART 1

고기, 생선, 달걀을 마음껏 먹는
저탄수화물 레시피

메인 요리

육류 | 100g 중 당질량 … 022

〈닭고기〉
치킨소테 … 025
닭봉우메보시조림 … 027
닭가슴살아스파라거스볶음 … 029
탄두리치킨 … 031
유린기 … 033
치킨아보카도크림조림 … 035

〈돼지고기〉
돈가스 … 037
삼겹살채소볶음 … 039
돼지고기채소말이튀김 … 041

어패류 | 100g 중 당질량 … 078

〈어패류〉
참치카르파초 … 081
전갱이튀김 … 083
정어리치즈소테 … 085
대구채소전 … 087
연어프리터 … 089
버터소스도미무니엘 … 091

고등어조림 … 093
삼치마요네즈구이 … 095
방어오일조림 … 097
문어파전 … 099
칠리마요새우볶음 … 101
오징어내장볶음 … 103
가리비관자소테 … 105
장어두묘볶음 … 107

| 달걀·대두 제품 | 100g 중 당질량 | … 110

〈달걀〉
명란달걀말이 … 113
달걀시금치치즈구이 … 115
닭고기버섯다마고도지 … 117
스페인식 오믈렛 … 119
목이버섯달걀볶음 … 121
참치달걀부침 … 123

〈대두 제품〉
두부여주볶음 … 125
두부햄치즈샌드위치 … 127
두부스테이크 … 129
두부완자튀김 … 131
아츠아게구이 … 133
아츠아게표고버섯조림 … 135
닭고기유부구이 … 137
치즈안초비유바튀김 … 139

| 유제품 | 100g 중 당질량 | … 140

PART 2
채소, 버섯, 해조류로 영양과 포만감을 살린 저탄수화물 레시피

서브 요리

| 채소 | 100g 중 당질량 | … 146
| 버섯·해조류 | 100g 중 당질량 | … 149

〈샐러드〉
유부시저샐러드 … 150
베이비채소샐러드 … 150
콩비지샐러드 … 151
경수채닭가슴살샐러드 … 151
쑥갓베이컨샐러드 … 152
튀긴가지샐러드 … 152
콩나물샐러드 … 153
숙주샐러드 … 153

〈무침〉
경수채무침 … 154
만가닥버섯무침 … 154
부추낫토무침 … 155
시금치두부무침 … 155

〈소테〉
가지소테 … 156
아스파라거스버터소테 … 156
애호박마늘소테 … 157
콜리플라워유카리소테 … 157

〈오븐 구이〉
오크라구이 … 158
표고버섯치즈구이 … 158
명란죽순구이 … 159
새송이버섯구이 … 159

〈볶음〉
물냉이방울토마토볶음 … 160
두묘멸치볶음 … 160
미역김치볶음 … 161
쪽파참치볶음 … 161
모로헤이야햄볶음 … 162
오이볶음 … 162
톳당근볶음 … 163
소송채볶음 … 163

〈국·수프〉
돼지고기채소국 … 164
바지락된장국 … 164
돼지고기부추국 … 165
두부김칫국 … 165
닭고기두유수프 … 166
중국식 달걀수프 … 166
양배추우유수프 … 167
브로콜리베이컨수프 … 167

메뉴 조합의 예
돼지고기된장구이 식단 … 168
전갱이튀김 식단 … 169

밥의 양을 늘리는 테크닉
콩비지밥 … 170
실곤약밥 … 171

PART 3
밥, 빵, 면을 이용한 한 그릇 저탄수화물 레시피

주식 100g 중 당질량 … 176

〈집밥〉
돼지고기달걀볶음밥 … 178
치쿠와볶음밥 … 179
새우라이스샐러드 … 180
베이컨만가닥버섯리소토 … 181
카르보나라 스파게티 … 182
새우돼지고기야키소바 … 183
다마고도지우동 … 184
닭고기붓카케소바 … 185
프렌치토스트 … 186
생선튀김샌드위치 … 187

〈도시락〉
데리야키치킨덮밥 도시락 … 188
돼지고기카레야키소바 도시락 … 189
다진고기토마토펜네 도시락 … 190
오므라이스 도시락 … 191

〈럭셔리김밥〉
스테이크김밥 … 192
닭고기깻잎김밥 … 193
매콤한 참치마요김밥 … 193

〈샌드위치〉
연어아보카도샌드위치 … 194
달걀샌드위치 … 195
고등어초절임샌드위치 … 195

〈홈메이드 아침 식사〉
우메낫토밥 플레이트 … 196
오픈샌드위치 플레이트 … 197

〈시판 아침 식사〉
크루아상과 치킨샐러드 … 198
레토르트 죽과 달걀 … 199
요거트와 삼각김밥 … 199

〈전골·찜〉
닭고기완자전골 … 200
돼지고기김치전골 … 201
돼지고기샤브샤브찜 … 202
만가닷버섯불고기 … 203

〈미리 만들어두는 반찬〉
삶은 돼지고기 … 204
삶은 돼지고기 샌드위치 … 205
삶은 돼지고기와 아보카도소테 … 205
구운 돼지고기 … 206
파를 곁들인 구운 돼지고기 … 207
구운 돼지고기를 넣은 양상추스프링롤 … 207
요거트된장절임치킨 … 208
데친 배추와 요거트된장절임치킨 … 209
요거트된장절임치킨을 넣은 네모김밥 … 209
연어플레이크 … 210
연어플레이크비빔밥 … 211
연어플레이크를 올린 구운 가지 … 211
명란톳볶음 … 212
콩나물카레볶음 … 213

PART 4
혈당을 올리지 않는
술안주와 디저트 레시피

〈술안주〉
새우버섯아히요 … 218
닭오돌뼈튀김 … 219
문어마요네즈볶음 … 219
카망베르치즈딥 … 220
폰즈소스를 뿌린 쇠심줄 … 220
훈제연어카르파초 … 221
애호박안초비구이 … 221
아보카도딥 … 222
열빙어치즈구이 … 222
주류에 함유된 당질량 … 223

〈디저트〉
초콜릿요거트무스 … 224
콩비지쿠키 … 225
커피젤리 … 226
크렘브륄레 … 227
시판 빵·과자류·과일의 당질량 … 228

INDEX
식재료별 당질량 … 230

일러두기
★ 모든 요리는 1인분 기준이므로 냄비나 프라이팬도 그에 맞게 적절하게 선택해 사용하세요.
★ 재료표에 기재한 중량은 모두 정미량(실제로 섭취하는 양, 즉 채소의 껍질을 벗기거나 씨를 제거한 분량)입니다.
★ 레시피에 표시한 1작은술=5㎖, 1큰술=15㎖, 1컵=200㎖입니다.
★ 소금은 자연소금, 버터는 가염버터, 간장은 진간장을 사용했습니다. 육수는 각 가정에서 쓰는 멸치육수나 고기육수를 사용합니다.
★ 전자레인지의 가열 시간은 출력 600W 기준입니다. 500W의 경우에는 시간을 1.2배로 늘려주세요. 또한 기종이나 기후에 따라 조리 시간에 다소 차이가 발생할 수 있습니다.

이 책의 사용법

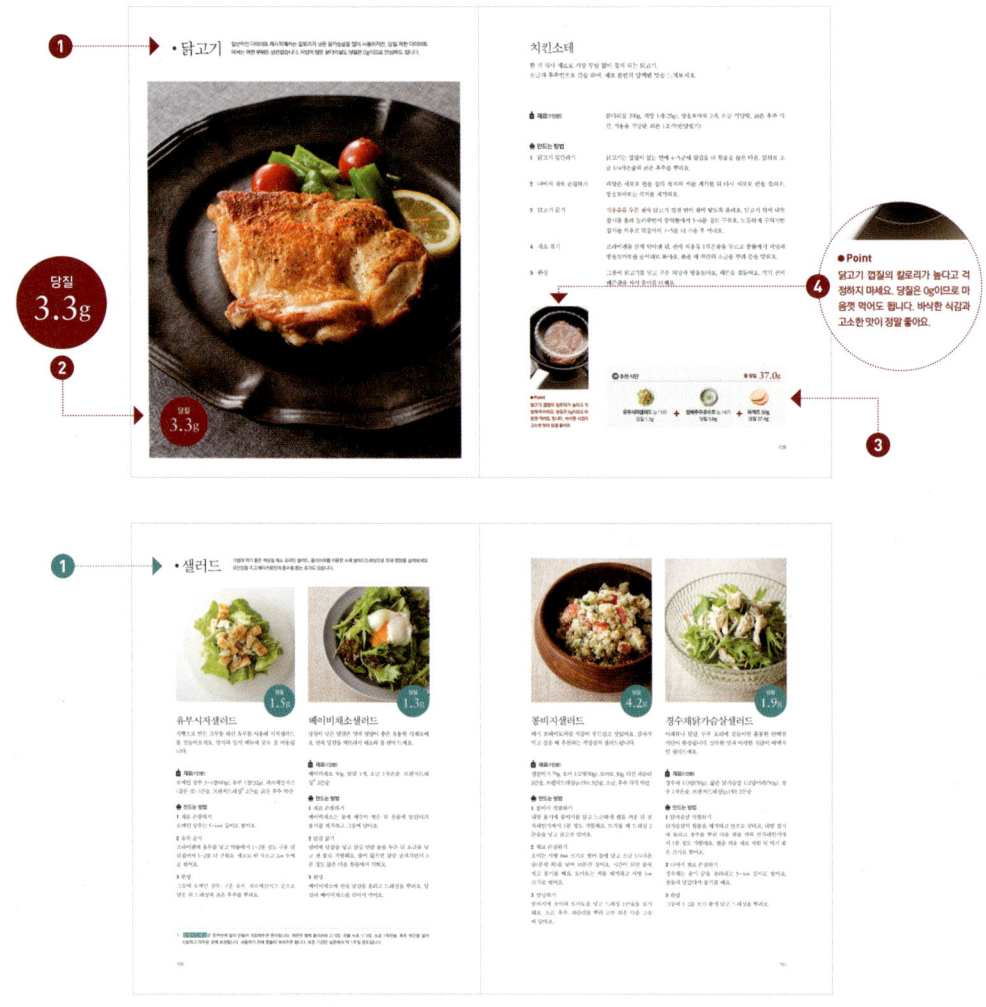

PART 1
고기, 생선, 달걀을 마음껏 먹는 저탄수화물 레시피

❶ 식재료별 분류
식단의 중심이 되는 메인 요리를 닭고기, 돼지고기, 어패류 등 식재료별로 소개했다. 먹고 싶은 음식이나 냉장고 속 재료 등을 고려해 메뉴를 결정한다.

❷ 당질량이 한눈에
저탄수화물 다이어트의 핵심인 당질량을 바로 확인한다.

❸ 추천 식단
메인 요리에 잘 어울리는 서브 요리와 주식이 소개되어 식단 고민 끝! 취향에 따라 달리 선택해 먹어도 된다.

❹ 당질 제한 포인트는 이것!
당질을 낮추면서도 맛있는 음식을 만들 수 있는 조리 포인트를 공개했다.

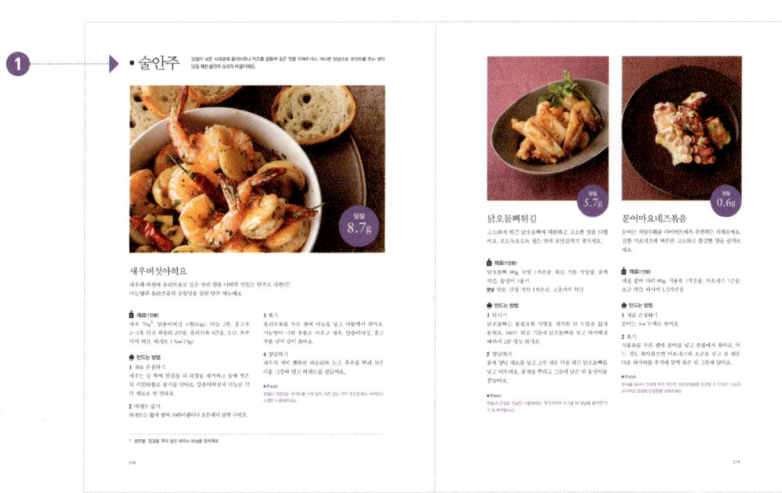

PART 2
채소, 버섯, 해조류로 영양과 포만감을
살린 저탄수화물 레시피

① 조리법별 분류
샐러드, 무침, 소테, 오븐 구이, 볶음, 국 등
조리법별로 서브 요리를 소개했다. 메인
요리와 잘 어울리는 맛을 고려해 선택한다.

PART 3
밥, 빵, 면을 이용한
한 그릇 저탄수화물 레시피

① 간편하게 먹는 집밥과 도시락
시간이 없을 때 간편히 차려 먹는 한 그릇
저탄수화물 요리. 집밥과 도시락, 샌드위치
를 비롯해 반찬, 전골 요리까지 다양하다.

PART 4
혈당을 올리지 않는
술안주와 디저트 레시피

① 술안주와 디저트
'이런 요리는 어떻게 당질을 낮출 수 있
을까?' 궁금해할 만한 술안주와 디저트
레시피를 수록했다.

PART - 1

치킨소테, 돈가스, 스테이크…
저탄수화물 다이어트라면 모두 마음껏 즐길 수 있습니다.
기름기 많은 튀김도 먹을 수 있어요.
당질은 낮추면서 맛있게 요리하는 비결과 테크닉을 놓치지 마세요.
메인 요리의 권장당질량은 10g 이하입니다.

MAIN MENU

●

고기, 생선, 달걀을
마음껏 먹는
저탄수화물 레시피

DIET-RECIPE

●

육류

다이어트 할 때 육류는 피해야 한다고 생각하기 쉬운데,
알고 보면 좋은 점이 더 많습니다.
육류는 당질이 거의 없을뿐더러 충분히 섭취하면 근육 생성에도 유리하고
포만감이 빨리 와서 과식하지 않게 되거든요.
또한 장시간 속이 든든하고 식욕이 가라앉습니다.

닭고기, 돼지고기, 소고기, 양고기 등
구하기 쉬운 재료로 굽고, 볶고, 조리고, 튀겨서 맛있게 드세요!

육류 100g 중 당질량

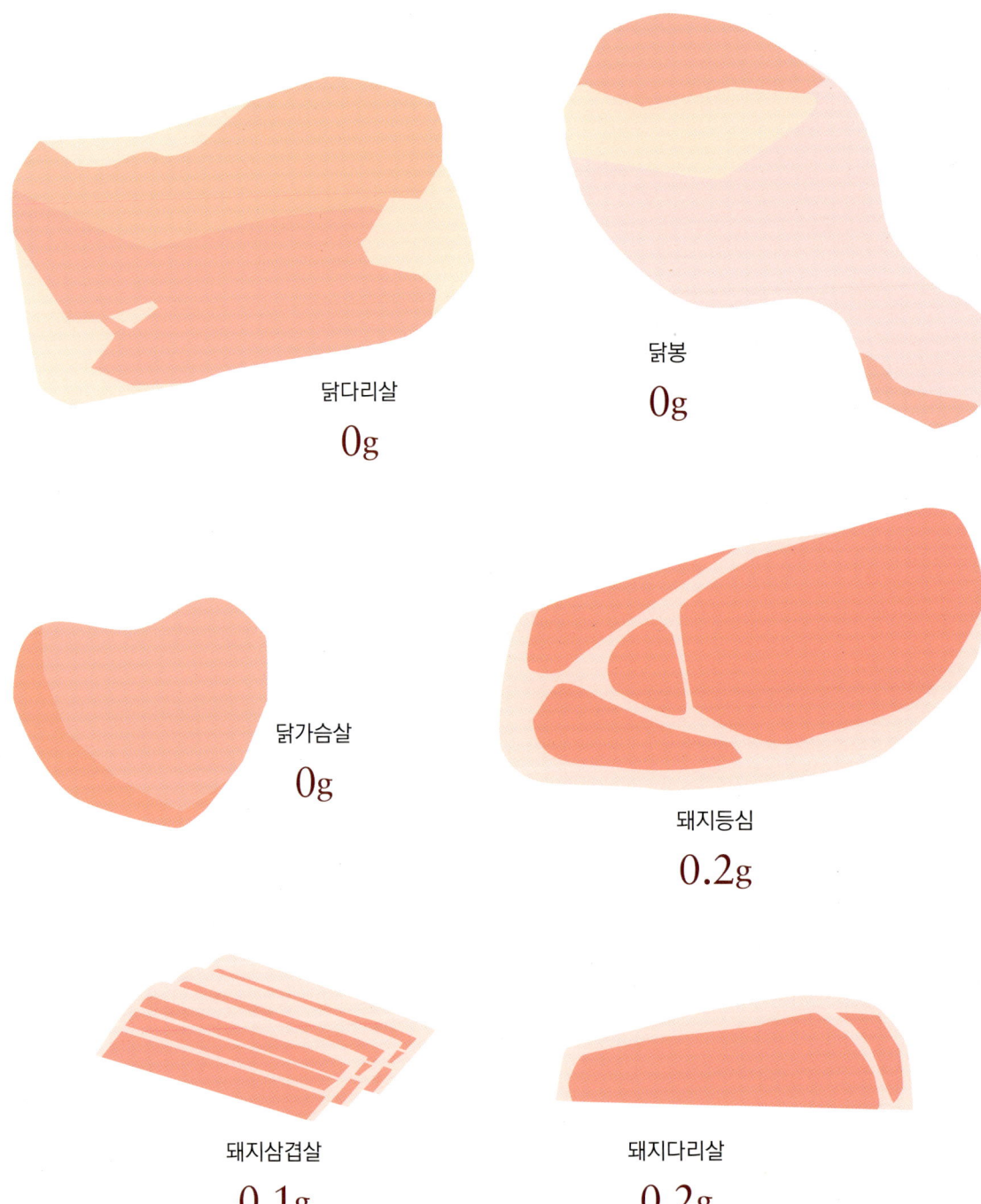

닭다리살
0g

닭봉
0g

닭가슴살
0g

돼지등심
0.2g

돼지삼겹살
0.1g

돼지다리살
0.2g

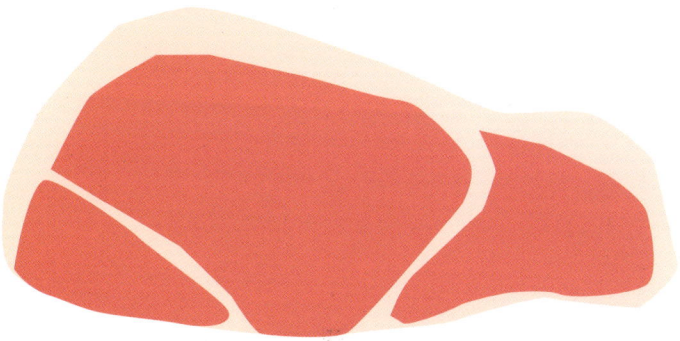

스테이크용 소고기
(다리살, 서로인 등)
0.4g

소다리살
0.4g

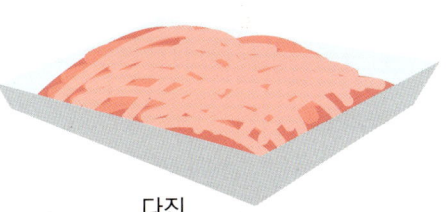

다진
돼지고기
0.1g

닭모래집
0g

다진
닭고기
0g

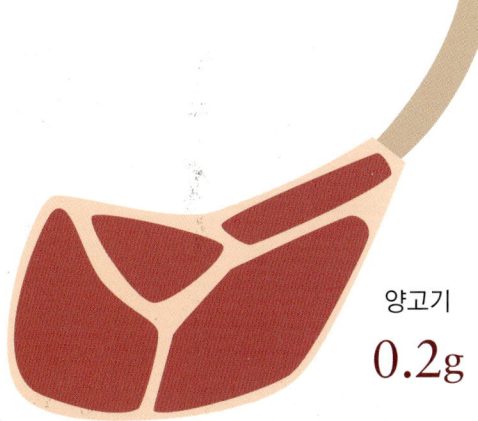

양고기
0.2g

기타 육류 100g 중 당질량

돼지고기 안심 …… 0.3g
다진 소고기 …… 0.3g
닭간 …… 0.6g
소간 …… 3.7g
로스트 비프 …… 0.9g
생햄 …… 0.5g
베이컨 …… 0.3g
로스햄 …… 1.3g

- **닭고기** 일반적인 다이어트 레시피에서는 칼로리가 낮은 닭가슴살을 많이 사용하지만, 당질 제한 다이어트에서는 어떤 부위든 상관없습니다. 지방이 많은 닭다리살도 당질은 0g이므로 안심해도 됩니다.

당질 3.3g

치킨소테

한 끼 식사 재료로 가장 부담 없이 찾게 되는 닭고기.
소금과 후추만으로 간을 하여, 재료 본연의 담백한 맛을 느껴보세요.

재료(1인분) 닭다리살 200g, 피망 1개(25g), 방울토마토 2개, 소금 적당량, 굵은 후추 약간, 식용유 적당량, 레몬 1조각(반달썰기)

만드는 방법

1 닭고기 밑간하기 닭고기는 껍질이 없는 면에 4~5군데 칼집을 내 힘줄을 끊은 다음, 앞뒤로 소금 1/4작은술과 굵은 후추를 뿌려요.

2 나머지 재료 손질하기 피망은 세로로 반을 잘라 꼭지와 씨를 제거한 뒤 다시 세로로 반을 잘라요. 방울토마토는 꼭지를 제거해요.

3 닭고기 굽기 식용유를 두른 팬에 닭고기 껍질 면이 팬에 닿도록 올려요. 닭고기 위에 내열 접시를 올려 눌러주면서 중약불에서 5~6분 정도 구워요. 노릇하게 구워지면 접시를 치우고 뒤집어서 4~5분 더 구운 후 꺼내요.

4 채소 볶기 프라이팬을 살짝 닦아낸 뒤, 팬에 식용유 1작은술을 두르고 중불에서 피망과 방울토마토를 순서대로 볶아요. 볶을 때 약간의 소금을 뿌려 간을 맞춰요.

5 완성 그릇에 닭고기를 담고 구운 피망과 방울토마토, 레몬을 곁들여요. 먹기 전에 레몬즙을 짜서 풍미를 더해요.

● Point
닭고기 껍질의 칼로리가 높다고 걱정하지 마세요. 당질은 0g이므로 마음껏 먹어도 됩니다. 바삭한 식감과 고소한 맛이 정말 좋아요.

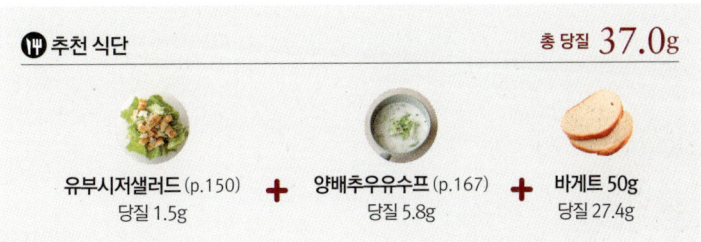

당질
3.3g

닭봉우메보시조림

부드럽게 조린 닭고기의 환상적인 맛!
우메보시의 새콤한 맛이 더해져 조린 닭고기에서 깊은 맛이 나요.

재료(1인분)   닭봉 3개 140g(뼈가 있는 것은 200g), 삶은 달걀[1] 1개, 청경채 1줄기(100g), 생강 1/4쪽, 우메보시 1개, 홍고추 1개
조림 양념 물 2/3컵, 술 1큰술, 간장, 라칸토S(p.11) 각각 1작은술

만드는 방법

1 **재료 손질하기**   삶은 달걀은 껍질을 까고, 생강은 껍질을 벗긴 뒤 얇게 썰어요.

2 **닭고기 조리기**   지름 15~16cm의 냄비에 닭봉과 삶은 달걀, 생강, 생강 껍질, 우메보시, 홍고추, 조림 양념을 넣고 중불에서 가열해요. 끓기 시작하면 약불로 줄이고 이따금 닭고기를 뒤집으면서 뚜껑을 덮은 채로 30분 정도 조려요. 삶은 달걀은 반으로 잘라요.

3 **청경채 데치기**   청경채는 길이를 3등분하고 밑동 부분은 세로로 반을 자른 다음, 다시 세로로 3등분해요. 끓는 물에 약간의 소금(분량 외)을 넣고 청경채를 살짝 데친 뒤 체에 밭쳐 물기를 제거해요.

4 **완성**   그릇에 청경채를 담고 조린 닭봉과 삶은 달걀을 올려요.

● Point
우메보시를 사용해 당질이 높은 간장의 염분을 낮추고, 라칸토S로 단맛을 더해주면 요리에 깊은 맛이 살아나요.

1 냄비에 달걀이 잠길 정도의 물을 붓고 중불에서 조심스럽게 굴리면서 삶아요. 물이 끓으면 약불로 줄여 10분 정도 더 삶은 뒤 찬물에 담가 식혀요.

당질
4.5g

닭가슴살아스파라거스볶음

당질이 낮은 아스파라거스와 만가닥버섯을 듬뿍 넣어서 맛도 영양도 만점!
약간의 녹말을 첨가한 덕분에 재료들이 부드럽게 어우러집니다.

재료(1인분)

닭가슴살 100g, 아스파라거스 3개, 만가닥버섯 1/2팩(50g), 얇게 저민 생강 3조각, 식용유 1큰술, 소금 적당량, 녹말 1/2작은술, 청주 1큰술, 후추 약간, 참기름 1/2작은술

만드는 방법

1 닭고기 손질하기 — 닭고기는 길이 4~5cm, 두께 1cm로 썰어요.

2 나머지 재료 손질하기 — 아스파라거스는 밑동에서 7cm 정도까지 필러로 껍질을 벗긴 뒤 4등분해요. 만가닥버섯은 밑동을 잘라내고 가닥가닥 찢어요.

3 아스파라거스 익히기 — 식용유 1/2큰술을 두른 프라이팬에 아스파라거스를 넣고 중불에서 살짝 볶아요. 약간의 소금과 물 2큰술(분량 외)을 넣고 뚜껑을 덮은 뒤 중불에서 1분 정도 익힌 다음 꺼내요.

4 볶기 — 볼에 손질한 닭고기를 넣고 녹말을 뿌려 섞어요. 3의 프라이팬을 살짝 닦고 식용유 1/2큰술을 두른 뒤, 닭고기를 넣고 약간 센 불에서 1분 정도 볶아요. 닭고기의 색이 변하면 만가닥버섯과 생강을 넣고 2분 정도 볶아요.

5 완성 — 4에 아스파라거스를 넣고 청주와 소금 1/4~1/3작은술, 후추를 뿌려 살짝 볶은 다음 참기름을 뿌리고 그릇에 담아요.

● Point
녹말에 함유된 당질에 주의하세요. 녹말 1/2작은술의 당질량은 1.2g. 정확하게 계량한 후 닭고기에 전체적으로 뿌려주세요.

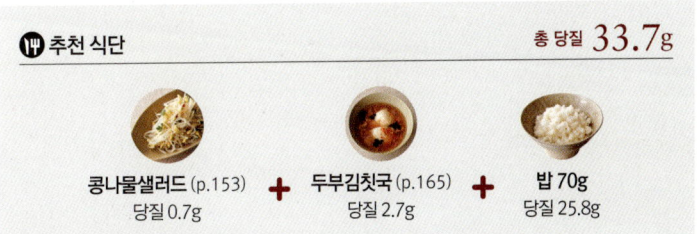

추천 식단 — 총 당질 33.7g

콩나물샐러드 (p.153) 당질 0.7g + 두부김칫국 (p.165) 당질 2.7g + 밥 70g 당질 25.8g

당질
5.6g

탄두리치킨

새콤한 요거트와 카레가루의 풍미가 잘 어우러진 요리입니다.
밑간 재료에 충분히 재워두었다가 노릇하고 고소하게 구워주세요.

재료(1인분)

닭다리살 200g, 가지 1개(75g), 오크라 3개(30g), 식용유 1/2큰술, 소금 약간
밑간 플레인요거트 50g, 카레가루 1/2큰술, 소금 1/2작은술, 올리브유 1/2큰술

만드는 방법

1 **닭고기 손질하기** 닭고기는 껍질이 없는 면에 4~5군데 칼집을 내 힘줄을 끊어요. 볼에 요거트와 다른 밑간 재료들을 넣고 고루 섞어요. 닭고기를 넣고 버무린 뒤 20~30분 재워두세요.

2 **나머지 재료 손질하기** 가지는 꼭지를 제거하고 세로로 반 잘라 껍질에 격자 모양의 칼집을 넣은 다음, 길이를 반으로 잘라요. 오크라는 꼭지 주변의 딱딱한 부분을 얇게 돌려 깎아요. 볼에 가지와 오크라를 담고 식용유를 뿌려 섞어요.

3 **굽기** 중약불로 예열한 양면 생선 그릴[1]에 밑간한 닭고기의 껍질이 위쪽을 향하도록 올려요. 닭고기 주변에 가지와 오크라를 올려 5~6분 정도 같이 굽다가 가지와 오크라는 먼저 꺼내 소금을 뿌려요. 닭고기는 3~4분 정도 더 구운 다음 꺼내요.

4 **완성** 닭고기를 먹기 좋은 크기로 썰어 그릇에 담고 가지와 오크라를 곁들여요.

● Point
당질이 낮은 요거트와 카레가루 덕분에 맛이 정말 부드러워요. 올리브유를 넣고 노릇하게 구워내는 것이 고소한 맛의 포인트!

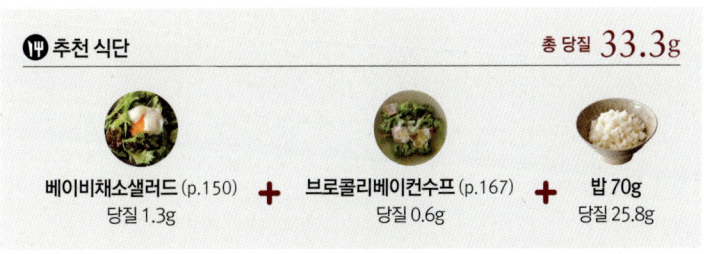

1 단면 그릴인 경우 닭고기는 4~5분 정도 구운 뒤 뒤집어서 4~5분 정도 더 굽고, 채소는 3분 정도 구운 다음 뒤집어서 2~3분 정도 더 구워요.

당질
8.9g

유린기

튀긴 닭다리살에 향미 소스를 뿌려 먹는 중국 요리예요.
이런 음식이 다이어트 메뉴라니! 풍부한 육즙을 마음껏 즐겨보세요.

재료(1인분)

닭다리살 200g, 오이 1개(100g), 녹말 1/2큰술, 튀김 기름 적당량
향미 소스 다진 대파 3큰술, 다진 생강 약간, 다진 마늘 약간, 곡물주, 간장 각각 1큰술, 참기름 1/2큰술, 라칸토S(p.11) 1/2작은술, 두반장 약간

만드는 방법

1 **재료 손질하기** 닭고기는 껍질 반대쪽에 4~5군데 칼집을 내 힘줄을 끊어놓아요. 오이는 양끝을 잘라내고 길이를 반으로 자른 다음, 채칼 등을 이용해 세로로 얇게 썰어요.

2 **향미 소스 만들기** 볼에 향미 소스 재료인 대파와 나머지 재료들을 넣고 섞어요.

3 **닭고기 튀기기** 손질한 닭고기의 물기를 키친타월로 제거한 뒤, 브러시를 사용해 녹말을 얇게 묻혀요. 170~180℃ 튀김 기름에 닭고기의 껍질 쪽이 아래를 향하도록 넣고 중약불에서 4분 정도 튀겨요. 뒤집어서 2~3분 정도 더 튀긴 뒤 기름기가 빠지도록 체에 밭쳐요. 먹기 좋은 크기로 잘라요.

4 **완성** 그릇에 오이를 반으로 접어 깔고 튀긴 닭고기를 올린 다음 향미 소스를 뿌려요.

● Point
당질이 높은 녹말의 양을 지키는 게 중요해요. 녹말 1/2큰술을 정확하게 계량해 브러시로 표면 전체에 바르듯이 묻혀주세요.

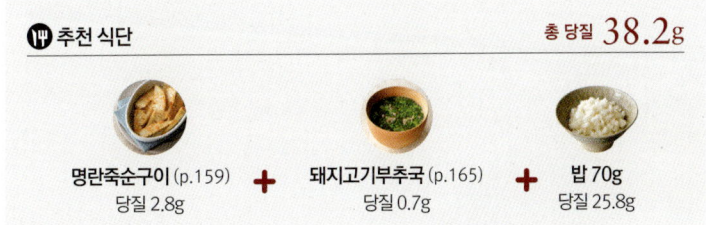

추천 식단 — 총 당질 38.2g

명란죽순구이 (p.159) 당질 2.8g + 돼지고기부추국 (p.165) 당질 0.7g + 밥 70g 당질 25.8g

당질
5.9g

치킨아보카도크림조림

당질 함량은 적고 영양가는 높은 아보카도와 닭고기를 사용한 요리예요.
진한 생크림과 매콤한 유즈코쇼의 맛이 절묘하게 조화를 이룹니다.

재료(1인분)

닭다리살 150g, 아보카도 1/2개(100g), 소금, 후추 각각 조금, 밀가루 1/2큰술, 식용유 1작은술, 화이트와인 1큰술, 물 2~3큰술, 유즈코쇼(청유자로 만드는 소스로 우리말로는 유자후추라고 함) 1/3~1/2작은술, 생크림 3큰술

만드는 방법

1 재료 손질하기

닭고기는 사방 3~4cm 크기로 썰어 소금, 후추를 뿌려둬요. 아보카도는 씨를 제거하고 껍질을 벗긴 뒤, 세로로 반 자르고 2cm 두께로 썰어요.

2 닭고기 익히기

닭고기의 물기를 키친타월로 제거한 뒤, 브러시를 이용해 밀가루를 얇게 묻혀요. 식용유를 두른 팬에 닭고기의 껍질이 팬에 닿도록 올리고 중불에서 1분 정도 구운 다음 뒤집어서 1분 정도 더 구워요. 앞뒤가 노릇하게 구워지면 화이트와인과 물을 넣은 다음 뚜껑을 덮고 약불에서 10분 정도 익혀요.

3 아보카도 넣기

2에 손질한 아보카도와 유즈코쇼를 넣고 섞은 다음, 뚜껑을 덮고 1분 정도 더 익혀요. 생크림을 넣고 저어주면서 살짝 끓인 뒤 그릇에 담으면 완성!

● Point
당질이 높은 시판 화이트소스 대신 저당질의 생크림을 사용하면 더욱 깊은 맛이 나고 감칠맛도 더 해요.

1번 추천 식단   총 당질 38.8g

쑥갓베이컨샐러드 (p.152) + 아스파라거스버터소테 (p.156) + 밥 70g
당질 2.2g   당질 3.3g   당질 25.8g

• 돼지고기

기름기가 많은 돼지등심이나 삼겹살을 충분히 섭취해 기력을 보충하세요. 아름다운 피부와 모발을 위해서도 양질의 단백질은 꼭 필요합니다. 일식, 양식, 중식 등 다양한 메뉴로 즐겨보세요.

당질 9.1g

돈가스

돈가스를 푸짐하게 먹어도 살이 찌지 않아요. 단, 먹을 때 단맛이 나는 돈가스소스는 생략해주세요. 곁들이는 채소 종류와 튀김옷의 양에 주의하세요.

재료(1인분)

돼지고기 등심(돈가스용) 200g, 경수채 30g, 소금 1/4~1/3작은술, 후추 약간, 밀가루 1작은술, 달걀물 1/3개 분량, 빵가루 12g, 튀김 기름 적당량, 레몬 1조각(반달썰기)

만드는 방법

1 **돼지고기 손질하기**   돼지고기는 비계 쪽에 4~5군데 칼집을 내 살과 비계 사이의 힘줄을 끊고 소금과 후추를 뿌려둬요. 키친타월로 돼지고기의 물기를 제거한 뒤 브러시로 밀가루를 얇게 묻혀요. 달걀물, 빵가루 순으로 튀김옷을 입혀요.

2 **경수채 손질하기**   경수채는 줄기 끝을 잘라내고 3~4cm 길이로 썰어요. 찬물에 2분 정도 담갔다가 건져내 물기를 빼요.

3 **돼지고기 튀기기**   180℃ 튀김 기름에 돼지고기를 넣고 중불에서 2~3분 정도 튀겨요. 노릇한 색이 나도록 뒤집어서 1~2분 정도 더 튀긴 다음 기름기를 빼요.

4 **완성**   튀긴 고기를 먹기 좋게 썰어 그릇에 담고 경수채와 레몬을 곁들여요. 먹기 전 레몬즙을 짜서 뿌려요.

● Point
당질이 높고 단맛이 나는 돈가스소스나 우스터소스는 피해주세요. 고기에 소금간이 잘 배도록 하는 것이 포인트!

당질
6.6g

삼겹살채소볶음

고소하고 감칠맛 나는 삼겹살에 채소를 듬뿍 넣은 푸짐한 일품요리예요.
간장은 조금만 사용하고 소금으로 간을 해서 당질 함량을 낮춰줍니다.

재료(1인분)

돼지고기 삼겹살(구이용) 100g, 건목이버섯 30g[1], 양파 1/5개(40g), 당근 15g, 청경채 1줄기(100g), 식용유 적당량, 청주 1큰술
양념 간장 1/2작은술, 소금 1/3작은술, 후추 약간

만드는 방법

1 재료 손질하기
목이버섯은 물에 30분 정도 담가 불려요. 불린 목이버섯은 밑동을 제거한 뒤 한입 크기로 자르고, 양파는 굵게 채 썰어요. 당근은 껍질을 벗긴 뒤 둥근 모양대로 얇게 썰어요. 청경채는 3등분하고 밑동은 먹기 좋게 더 썰어요.

2 돼지고기 굽기
식용유를 두른 프라이팬에 돼지고기를 올려 중약불에서 2~3분 정도 굽고 뒤집어서 노릇하게 2분 정도 더 구워요. 기름을 키친타월로 닦아내요.

3 채소 볶기
2에 식용유 1작은술을 두르고 중불에서 당근, 양파, 목이버섯, 청경채 줄기를 순서대로 넣고 볶아요. 어느 정도 볶아졌으면 약불로 줄이고 뚜껑을 덮어 1분 정도 익혀요. 이어서 청경채 잎을 넣고 전체적으로 살짝 볶아요.

4 양념하기
3에 청주를 뿌린 다음 양념 재료를 넣고 살짝 볶아 그릇에 담아내요.

● Point
당질 함량이 많은 양파와 당근의 양을 정확하게 지켜주세요. 양파와 당근을 적당량 첨가하면 요리에 깊은 맛이 더해집니다.

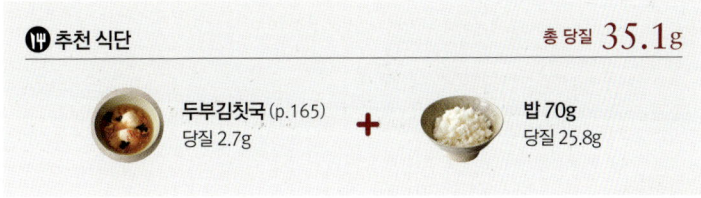

[1] 물에 불린 후의 정미량. 불리기 전에는 7g.

당질
6.6g

돼지고기채소말이튀김

당질이 낮은 잎새버섯은 듬뿍 넣고, 당질이 높은 당근은 포인트로 소량만 사용하세요.
기름에 바삭하게 튀겨서 포만감이 오래 지속돼요.

재료(1인분)
얇게 슬라이스한 돼지고기 다리살 100g, 잎새버섯 1팩(80g), 당근 20g, 참나물 30g, 소금 약간, 밀가루 1/2큰술, 튀김 기름 적당량
양념 간장 1과 1/2작은술, 라칸토S(p.11) 1작은술

만드는 방법

1 재료 손질하기
잎새버섯은 세로로 잘게 찢고, 당근은 껍질을 벗긴 뒤 채 썰어요. 참나물은 줄기 끝을 잘라내고 3등분해요.

2 돼지고기로 채소 말기
도마 위에 얇게 슬라이스한 돼지고기를 세로로 여러 겹 간 다음 손질한 채소를 하나씩 올려요. 소금을 약간 뿌린 뒤 김밥을 말듯 꼭꼭 눌러 말아줘요. 돼지고기 표면에 브러시로 밀가루를 얇게 펴 발라요.

3 튀기기
180℃ 튀김 기름에 2의 끝부분이 아래를 향하도록 넣은 뒤 중간 중간 뒤집어가면서 6~7분 정도 튀겨요. 노릇하게 튀겨지면 건져내 기름기를 빼요. 먹기 좋게 잘라 그릇에 담아요.

4 양념하기
볼에 양념 재료를 넣고 잘 섞은 뒤 튀겨낸 돼지고기채소말이에 올려요.

● Point
당질 섭취량이 많아지지 않게 밀가루 사용량을 정확하게 지켜주세요. 브러시로 살짝 묻히는 정도면 충분합니다.

추천 식단 — 총 당질 39.4g
콩비지샐러드 (p.151) 당질 4.2g + 중국식 달걀수프 (p.166) 당질 2.5g + 밥 70g 당질 25.8g

당질
3.2g

돼지고기피자

돼지고기에 간장과 참기름을 바르고 치즈를 올려 오븐 토스터에서 바삭하게 굽기만 하면 완성!
돼지고기, 참기름, 치즈 등 저당질 재료가 어우러져 맛있고 푸짐해요.

재료(1인분)

얇게 슬라이스한 돼지고기 다리살 100g, 쪽파 2뿌리(40g), 피자 치즈 30g, 소금, 후추 약간, 참깨 1/2작은술, 다진 홍고추 약간
밑간 간장 1작은술, 참기름 1작은술

만드는 방법

1 **재료 손질하기**
쪽파를 다져서 볼에 담고 치즈, 소금, 후추를 넣어 고루 섞어요. 작은 크기의 다른 볼에는 밑간 재료를 넣고 섞어요.

2 **토핑 올리기**
오븐 팬에 돼지고기를 조금씩 겹쳐서 깔고 브러시로 밑간 양념을 발라요. 쪽파와 치즈를 섞은 토핑 재료를 골고루 뿌리고, 마지막으로 깨를 뿌려요.

3 **굽기**
오븐 토스터에 2를 넣고 8~10분 정도 구워요. 노릇노릇해지면 꺼내서 먹기 좋은 크기로 잘라요. 그릇에 옮겨 담고 홍고추를 솔솔 뿌려요.

● Point
간장 사용량을 줄이고 참기름을 넣어 맛과 향이 더욱 좋아요. 참기름은 브러시를 사용해 돼지고기에 꼼꼼히 발라주세요.

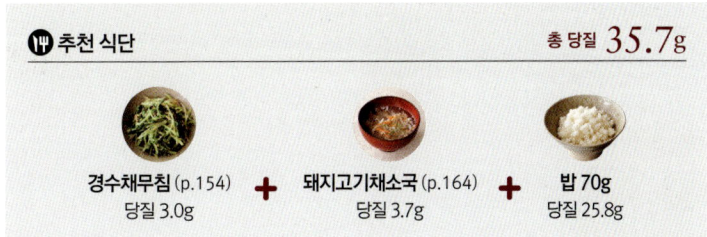

당질
9.9g

탕수육

중식의 대표 인기메뉴인 탕수육도 마음껏 먹을 수 있어요.
채소를 듬뿍 넣어 푸짐하고 건강하게 즐겨보세요.

재료(1인분) 돼지고기 등심(돈가스용) 120g, 데친 죽순 50g, 생표고버섯 2개(40g), 피망 2개(50g), 녹말 1작은술, 식용유 1큰술, 청주 1/2큰술, 참기름 1/2작은술
소스 토마토케첩 1큰술, 곡물 식초 1과 1/2큰술, 물 2큰술, 소금 1/3작은술, 후추 약간

만드는 방법

1 재료 손질하기   돼지고기는 사방 2.5cm 크기로 썰고, 죽순은 한입 크기로 썰어요. 표고버섯은 밑동을 제거하고 4등분해요. 피망은 세로로 반 잘라 꼭지와 씨를 제거한 뒤 먹기 좋게 썰어요.

2 소스 만들기   볼에 소스 재료를 넣고 고루 섞어요.

3 돼지고기 굽기   키친타월로 돼지고기 물기를 제거한 뒤 볼에 넣고 녹말을 뿌려요. 식용유를 두른 프라이팬에 돼지고기를 넣고 중불에서 골고루 구워요. 노릇노릇해지면 약불로 줄이고 뚜껑을 덮어 1분 정도 익혀요.

4 채소 넣고 양념하기   3에 데친 죽순, 표고버섯, 피망을 넣고 중불에서 같이 볶아요. 채소의 숨이 죽으면 청주와 소스를 넣고 살짝 볶은 뒤 참기름을 뿌리고 그릇에 담아요.

● Point
당질 함량이 걱정되는 토마토케첩의 양을 지키는 것이 중요해요.

당질
4.2g

돼지고기된장구이

생강과 참기름을 넣은 된장에 돼지고기를 충분히 재워두었다가 구워주세요.
노릇하고 바삭하게 구우면 보기에도 먹음직스러운 일품요리가 완성된답니다.

재료(1인분)

돼지고기 등심(돈가스용) 1장(120g), 콩나물 1/2봉지(80g), 오이 1/2개(50g)
된장소스 된장 1/2큰술, 청주, 참기름 각각 1/2작은술, 생강즙, 후추 약간

만드는 방법

1 **돼지고기 손질하기**
돼지고기는 앞뒷면에 8mm 간격으로 비스듬하게 칼집을 넣어요. 볼에 된장소스 재료를 넣고 고루 섞어요. 랩 위에 된장소스의 반을 바르고 돼지고기를 올린 뒤 남은 된장소스를 고기에 다 발라요. 랩으로 감싸 냉장고에서 1~2시간 재워둬요.

2 **채소 손질하기**
끓는 물에 약간의 소금(분량 외)을 넣고 콩나물을 2분 정도 데쳐요. 건져낸 콩나물은 체에 밭쳐 물기를 빼요. 오이는 길게 마구썰기 해요.

3 **돼지고기 굽기**
냉장고에 재워놓은 돼지고기를 꺼내요. 중불로 예열한 양면 생선 그릴[1]에서 돼지고기를 7~8분 정도 구운 뒤 꺼내 먹기 좋게 썰어요. 그릇에 데친 콩나물을 담고 그 위에 구운 돼지고기를 얹은 후 오이를 곁들여요.

● **Point**
된장의 양을 조절하는 것이 당질 제한 포인트! 적당량의 된장소스를 잘 발라서 맛이 충분히 배도록 해주세요.

1 단면 그릴인 경우 3~4분 구운 다음 뒤집어서 3~4분 더 구워요.

• 소고기

소고기도 다른 고기와 마찬가지로 저당질 식품의 대표 주자예요. 소고기에는 단백질 외에 철분도 풍부하게 함유되어 있지요. 스테이크, 구이, 볶음 등 다양한 조리법으로 소고기 본연의 맛을 느껴보세요.

당질 2.7g

소고기스테이크

고기를 좋아하는 사람이라면 누구나 대환영하는 메뉴!
취향에 따라 선호하는 고기 부위를 다양하게 선택해 맛있게 즐기세요.

재료(1인분)

스테이크용 소고기(취향에 따라 넓적다리살, 서로인 등) 130g, 껍질콩 3개 (20g), 베이비콘 3개(30g), 소금 적당량, 후추 약간, 식용유 1큰술, 씨겨자 1작은술, 물냉이 약간

만드는 방법

1 **재료 손질하기** 소고기는 앞뒤로 소금, 후추를 뿌려 밑간해요. 껍질콩은 꼭지를 떼어 반으로 자르고, 물냉이는 줄기 끝을 잘라내요.

2 **껍질콩, 베이비콘 굽기** 프라이팬에 식용유 1/2큰술을 두른 뒤 중불에서 껍질콩과 베이비콘을 구워요. 노릇하게 구워지면 약불로 줄여 뚜껑을 덮고 1분 정도 익혀요. 소금을 약간 뿌리고 그릇에 담아요.

3 **소고기 굽기** 2의 프라이팬에 식용유 1/2큰술을 두른 뒤 조금 센 불에서 소고기를 1분 정도 구워요. 약불로 줄여서 30초 정도 더 구워요.

4 **완성** 2의 그릇에 구운 소고기를 담고 물냉이와 씨겨자를 곁들여요.

● **Point**
당질이 적은 채소를 곁들여 드세요. 베이비콘 3개의 당질은 겨우 1g이지만, 캔 옥수수는 같은 양이라도 당질이 4.3g이나 되니 주의하세요.

당질
4.3g

소고기양념구이

고기 자체의 맛을 즐길 수 있도록 양념은 살짝만 해요.
갖가지 쌈채소에 고기와 김치를 올려 한입에 쏙!

재료 (1인분)

구이용 소고기 100g, 쑥갓 20g, 상추 25g, 깻잎 6장, 배추김치 50g, 참깨 1/2 작은술

밑간 다진 파 1작은술, 다진 마늘 약간, 청주 1작은술, 참기름 1작은술, 소금, 후추, 고춧가루 각각 약간

만드는 방법

1 소고기 손질하기 — 볼에 밑간 재료와 소고기를 넣고 버무려요.

2 채소 손질하기 — 상추와 채소들을 잘 씻어 물기를 빼요. 쑥갓은 부드러운 잎만 골라 따고, 깻잎은 줄기를 잘라내요. 김치는 먹기 좋게 썰어요.

3 소고기 굽기 — 프라이팬에 밑간한 소고기를 올려 약간 센 불에서 앞뒤로 잘 구워요. 다 구웠으면 불을 끄고 소고기에 깨를 솔솔 뿌려요.

4 완성 — 그릇에 구운 소고기를 담고 쑥갓, 상추, 깻잎, 김치를 곁들여요. 상추에 고기와 채소를 올려 싸 먹어요.

● **Point**
시판 소스에는 대부분 당질 함량이 많은 설탕이나 맛술, 과일 등이 들어갑니다. 직접 만든 소스로 당질 섭취량을 낮추는 것이 다이어트 성공의 비결!

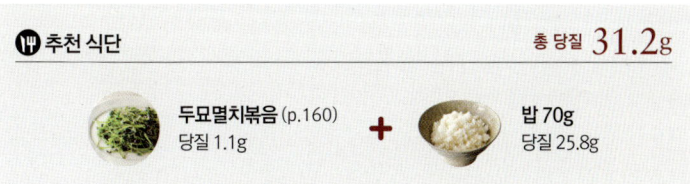

추천 식단 — 총 당질 **31.2g**
두묘멸치볶음 (p.160) 당질 1.1g + 밥 70g 당질 25.8g

당질
7.8g

소고기아스파라거스말이

아스파라거스를 소고기로 돌돌 만 뒤 데리야키소스로 맛을 더해요.
아삭하고 쫄깃한 식감과 푸짐한 양으로 만족감이 두 배!

재료(1인분) 얇게 슬라이스한 소고기 다리살 100g, 아스파라거스 3개(100g), 녹말 1작은술, 식용유 1작은술, 청주 1큰술, 래디시 2개(20g)
소스 라칸토S(p.11) 1작은술, 간장 1큰술

만드는 방법

1 재료 손질하기   아스파라거스의 딱딱한 밑동은 버리고 필러로 껍질을 벗겨요. 아스파라거스 길이에 맞춰 소고기를 세로로 조금씩 겹쳐 놓아요. 아스파라거스를 올리고 소고기로 돌돌 만 뒤 길이를 반으로 잘라요. 브러시로 소고기 표면에 녹말을 묻혀요.

2 굽기   식용유를 두른 프라이팬에 1을 올려 중불에서 30초 정도 구운 다음, 굴려가면서 골고루 익혀요. 어느 정도 구워졌으면 약불로 줄이고 뚜껑을 덮어 3분 정도 더 익혀요.

3 양념하기   중불로 바꾼 다음 청주를 뿌리고 준비한 소스 재료를 고루 묻혀요. 먹기 좋은 크기로 썰어 그릇에 담고 래디시를 곁들여요.

● Point
아스파라거스는 당질 함량이 100g 당 2.1g밖에 되지 않아 안심하고 먹을 수 있어요. 포만감도 주므로 다이어트에 안성맞춤!

일본식 고추잡채

세 가지 색의 저당질 채소를 마음껏 사용한 컬러풀한 요리예요.
프라이팬에 살짝 볶아 아삭한 식감을 살려주세요.

재료(1인분)

구이용 소고기 100g, 청피망 3개(75g), 홍피망 1개(20g), 데친 죽순 25g, 식용유 1큰술, 녹말 1작은술, 청주 1큰술
양념 라칸토S(p.11) 1/2작은술, 간장 2/3큰술, 소금, 후추 각각 약간

만드는 방법

1. **재료 손질하기**
소고기는 5mm 두께로 썰고, 청피망과 홍피망은 꼭지와 씨를 제거한 뒤 5mm 두께로 썰어요.

2. **채소 볶기**
식용유 1/2큰술을 두른 프라이팬에 청피망과 홍피망, 죽순을 넣고 중불에서 볶아요. 채소에 기름이 코팅될 정도로만 살짝 볶은 다음 꺼내요.

3. **소고기 볶기**
1의 소고기를 볼에 담고 녹말을 넣어 골고루 묻혀요. 2의 프라이팬에 식용유 1/2큰술을 두르고 소고기를 넣어 중불에서 볶아요.

4. **양념하기**
소고기의 색이 변하면 청주와 양념 재료를 넣고 살짝 볶아요. 2의 채소를 넣고 가볍게 볶은 다음 그릇에 옮겨 담아요.

● Point
당질 함량이 많은 파프리카 대신 저당질의 청피망과 홍피망을 사용하는 것이 포인트. 보기에도 좋고 식감도 좋아요.

당질
6.7g

소고기스키야키조림

고단백, 저당질의 두부를 곁들여 더욱 맛있고 건강하게!
생강의 향긋하고 알싸한 향이 더해져 더욱 고급스러운 맛이 납니다.

재료(1인분)

얇게 썬 소고기 100g, 두부 1/2모(150g), 쪽파 1과 1/2뿌리(30g), 생강 1/2쪽, 식용유 1/2큰술, 청주 1큰술, 물 1/2컵, 시치미(고추, 참깨, 산초가루 등 7가지 재료를 빻아서 만든 일본의 향신료) 약간
양념 라칸토S(p.11) 1작은술, 간장 1큰술

만드는 방법

1 재료 손질하기
두부는 4등분하고 쪽파는 3~4cm 길이로 썰어요. 생강은 껍질을 벗기고 채 썰어요.

2 소고기와 생강을 볶아 조리기
식용유를 두른 프라이팬에 소고기를 넣고 중불에서 볶아요. 고기 색이 변하면 생강을 넣어 살짝 볶아요. 청주와 분량의 물을 넣고 끓기 시작하면 양념 재료를 첨가한 다음, 뚜껑을 덮고 약불에서 5~6분 정도 조려요.

3 두부, 쪽파 넣어 조리기
2의 소고기를 한쪽으로 밀어둔 채 남은 공간에 두부를 넣고 조림 양념을 끼얹은 뒤 뚜껑을 덮고 약불에서 3~4분 정도 조려요. 마지막으로 쪽파를 넣고 살짝 더 조린 다음 그릇에 담고 시치미를 뿌려요.

● Point
간장 1큰술의 당질은 1.8g. 반찬이 짜면 밥을 많이 먹게 되므로 간장은 조금만 사용하는 것이 좋아요.

당질
4.0g

소고기샤브샤브

산뜻하고 맛있는 홈메이드 폰즈소스에 당질 제한식의 비결이 숨어 있어요.
미네랄이 풍부한 해초와 채소도 함께 즐겨보세요.

재료(1인분)

샤브샤브용 소고기 100g, 미역(염장) 30g[1], 수송나물(바닷가 모래땅에서 자생하는 채소) 20g, 경수채 25g, 양하 1개, 무 80g
폰즈소스 간장 1큰술, 레몬즙 1/2큰술

만드는 방법

1 재료 손질하기 미역은 물에 씻어 불린 뒤 물기를 꼭 짜고 3~4cm 길이로 잘라요. 수송나물은 억센 줄기를 잘라내고, 경수채는 줄기 끝을 잘라낸 다음 3~4cm 길이로 썰어요. 양하는 세로로 반 자른 뒤 얇게 썰어요. 무는 껍질을 벗기고 강판에 간 다음 가볍게 물기를 짜요.

2 소스 만들기 볼에 폰즈소스 재료를 넣고 고루 섞어요.

3 소송나물 데치기 냄비에 물 4컵을 붓고 가열해 물이 끓기 시작하면 소송나물을 살짝 데쳐요. 데친 소송나물을 찬물에 담가 식혀요.

4 소고기 데치기 냄비에 물 1컵을 더 붓고 물의 온도가 60~70℃로 내려가면 소고기를 넣어 익혀요. 고기 색이 변하면 찬물에 담가 식힌 뒤 물기를 빼요.

5 완성 그릇에 손질한 미역, 경수채, 양하, 데친 수송나물과 소고기를 담고 갈아놓은 무를 올린 뒤 폰즈소스를 뿌려요.

● Point
시판 폰즈소스는 설탕이나 맛술이 들어가서 당질 함량이 높아요. 직접 만들면 당질을 낮출 수 있어 안심할 수 있지요.

추천 식단 총 당질 **38.3g**

새송이버섯구이(p.159) 당질 4.8g + 돼지고기채소국(p.164) 당질 3.7g + 밥 70g 당질 25.8g

---

1 물에 불린 후의 정미량. 불리기 전에는 15g.

• 다진 고기

매일매일 똑같은 음식에 질렸다면 다진 고기를 이용해보세요. 햄버그스테이크나 마파두부, 볶음 요리에도 다양하게 활용할 수 있습니다.

당질 4.6g

햄버그스테이크

누구나 좋아하는 햄버그스테이크 역시 대표적인 당질 제한 메뉴입니다.
고당질의 토마토케첩 대신 반숙 달걀프라이와 함께 즐겨보세요.

재료(1인분)

소고기와 돼지고기 간 것 120g, 달걀 1개, 양파 30g, 가지 1/2개(35g), 당근 15g, 버터 적당량, 식용유 적당량, 소금 적당량, 물냉이 약간
당근용 밑간 물 1큰술, 라칸토S(p.11) 1/2작은술
스테이크용 밑간 소금 1/5작은술, 후추, 육두구(향신료의 일종) 각각 약간

만드는 방법

1 양파 가열하기
양파를 다져 내열 볼에 담고 버터 1작은술을 넣어요. 랩을 씌우지 않고 전자레인지(600W)에서 30초 정도 가열한 다음 식혀요.

2 당근 익히기
당근은 껍질을 벗긴 뒤 필러를 이용해 세로로 얇게 썰어요. 냄비에 약간의 버터를 넣고 중불에서 녹인 다음 당근을 넣어 살짝 볶아요. 당근용 밑간 재료를 넣고 숨이 죽을 때까지 익혀요.

3 모양 빚기
볼에 다진 고기와 양파, 고기 밑간 재료를 넣고 충분히 치댄 다음 둥글납작하게 빚어요.

4 햄버그스테이크와 가지 굽기
가지는 세로로 군데군데 껍질을 벗기고 1cm 두께로 썰어요. 식용유 1작은술을 두른 프라이팬에 햄버그스테이크와 가지를 넣고 중불에서 1분 정도 구워요. 뒤집어서 1분 정도 구운 뒤, 뚜껑을 덮고 약불에서 3~4분 정도 더 익혀요. 가지에 약간의 소금을 뿌린 뒤 햄버그스테이크와 함께 그릇에 담아요.

5 달걀 프라이
4의 프라이팬을 닦아낸 뒤 달걀프라이를 해요. 소금간을 한 반숙 상태의 달걀프라이를 햄버그스테이크 위에 올리고 당근과 물냉이를 곁들여요.

● Point
양파의 당질은 100g 당 7.2g으로 약간 높은 편이니 소량만 사용해요. 버터와 함께 내열 용기에 담아 전자레인지로 가열하면 간단해요.

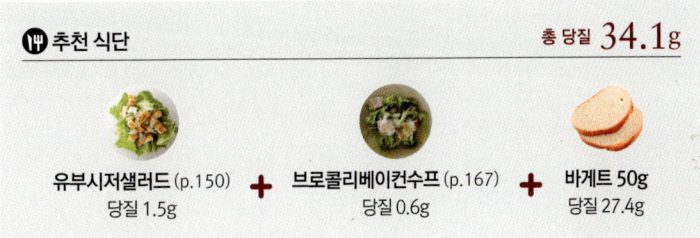

당질
7.5g

마파두부

당질이 높은 간장 대신 소금으로 맛을 낸 새로운 마파두부 요리!
두부의 담백한 맛을 더욱 잘 느낄 수 있어요.

재료(1인분)

다진 돼지고기 100g, 두부 1/2모(150g), 다진 마늘 1/2작은술, 다진 파 2큰술, 식용유 1/2큰술, 두반장 1/4작은술, 청주 1큰술, 물 1/2컵, 참기름 1/2작은술, 무순 약간
양념 라칸토S(p.11) 1작은술, 소금 1/3작은술
물녹말 녹말 1작은술, 물 1큰술

만드는 방법

1 **다진 고기 볶기**
식용유를 두른 팬에 다진 고기를 넣고 중불에서 볶아요. 고기 색이 변하면 다진 마늘과 파를 넣어 볶다가 두반장을 첨가해 살짝 볶아요.

2 **끓이기**
1에 청주를 넣고 분량의 물을 부어요. 끓기 시작하면 양념 재료를 넣고 섞은 뒤 뚜껑을 덮고 약불에서 6~7분 정도 끓여요.

3 **재료 손질하기**
두부는 사방 1.5~2cm 크기로 썰어요. 무순은 끝부분을 제거하고 길이를 반으로 잘라요.

4 **완성**
2에 두부를 넣고 조심스럽게 섞은 다음 3분 정도 끓여요. 물녹말 재료를 잘 섞어 프라이팬에 조금씩 부어가며 농도를 맞춰요. 참기름을 두른 뒤 그릇에 옮겨 담고 무순을 얹어요.

● Point
간장 대신 소금을 사용해 당질을 낮추는 것이 포인트! 다진 고기의 감칠맛과 두부 본연의 맛을 제대로 느낄 수 있어요.

추천 식단　　　　　　　　　　총 당질 **38.6g**

숙주샐러드 (p.153)　+　미역김치볶음 (p.161)　+　밥 70g
당질 2.0g　　　　　　당질 3.3g　　　　　　　당질 25.8g

당질
7.3g

돼지고기숙주볶음

프라이팬 하나로 5분이면 완성되는 초간단 영양 메뉴.
당근을 조금 넣어 맛과 식감을 살려줍니다.

재료(1인분) 다진 돼지고기 100g, 숙주 1봉(200g), 당근 25g, 식용유 1/2큰술, 청주 1큰술
양념 간장 1작은술, 소금 1/5작은술, 후추 약간

만드는 방법

1 재료 손질하기   숙주는 물에 씻은 뒤 체에 밭쳐 물기를 빼요. 당근은 껍질을 벗기고 채칼을 이용해 썰어요.

2 고기와 채소 볶기   식용유를 두른 팬에 다진 고기를 넣고 중불에서 볶아요. 고기 색이 변하면 센 불로 바꿔 숙주와 당근을 넣고 같이 볶아요.

3 양념하기   청주와 양념 재료를 넣고 살짝 볶은 뒤 그릇에 담아요.

● Point
저당질 채소의 대표인 숙주는 많이 먹어도 괜찮아요. 아삭아삭한 식감과 양을 마음껏 즐기세요.

당질
4.6g

크림소스양상추롤

당질 함량이 낮은 양상추를 듬뿍 사용한 이색적인 요리예요.
고소한 생크림의 풍부하고 진한 맛을 느껴보세요.

재료(1인분) 다진 닭고기 100g, 양상추 5~6장(180g), 양파 30g, 양송이버섯 3개(40g), 버터 1/2큰술, 물 1/2컵, 생크림 3큰술, 굵은 후추 약간
고기 반죽용 물 1큰술, 소금 1/5작은술, 후추 약간
양념 소금 1/2작은술, 후추 약간

만드는 방법

1 양상추 데치기 — 끓는 물에 양상추를 살짝 데친 뒤 찬물에서 식히고 물기를 제거해요.

2 양파, 양송이버섯 익히기 — 양파는 곱게 다지고 양송이버섯은 사방 5mm 크기로 잘게 썰어요. 내열 용기 볼에 양파와 양송이버섯을 담고 버터를 넣어요. 랩을 씌우지 않고 전자레인지(600W)에서 1분간 익힌 후 식혀요.

3 고기 반죽하고 양상추로 감싸기 — 볼에 다진 고기, 익힌 양파와 양송이버섯, 고기 반죽용 재료를 넣고 고루 섞어요. 양상추 2장을 겹쳐 놓고 그 위에 고기 반죽을 올려 감싸요. 남은 양상추로 여러 번 감싸 둥근 모양을 만들어요.

4 끓이기 — 지름 15~16cm의 냄비에 양배추로 감싼 끝부분이 아래를 향하도록 넣은 다음, 물을 붓고 중불에서 가열해요. 끓기 시작하면 양념 재료를 넣고 뚜껑을 덮어 약불에서 20분 정도 더 익혀요.

5 완성 — 다 익었으면 4등분으로 잘라 그릇에 담아요. 냄비에 생크림을 넣어 중불에서 살짝 끓인 다음 그릇에 붓고 굵은 후추를 뿌려요.

● Point
양배추 대신 양상추를 사용하면 당질을 대폭 낮출 수 있어요. 양상추의 산뜻한 맛을 즐겨보세요.

추천 식단 — 총 당질 35.1g
베이비채소샐러드 (p.150) 당질 1.3g + 애호박마늘소테 (p.157) 당질 1.8g + 바게트 50g 당질 27.4g

• 닭간·닭모래집

철분이 풍부한 닭간과 쫄깃한 식감의 닭모래집도 당질 제한 다이어트에서 추천하는 식재료입니다. 채소와 함께 조리하면 영양가도 높아져요.

당질 6.8g

닭간부추볶음

다이어트 요리에 닭간을 활용해보세요.
철분이 풍부해서 피로 회복과 빈혈 예방에도 효과적이에요.

재료(1인분)

닭간 100g, 부추 1묶음(100g), 마늘 1/2쪽, 홍고추 1개, 식용유 1큰술, 녹말 1/2큰술, 청주 1/2큰술
밑간 청주, 간장 각각 1/2작은술, 생강즙 약간
양념 라칸토S(p.11) 1/2작은술, 간장 2/3큰술, 후추 약간

만드는 방법

1 **닭간 손질하기** 닭간은 기름과 피를 제거하고 크기가 큰 것은 반으로 잘라요. 흐르는 물에 씻은 뒤 찬물에 10~20분 담가두었다가 물기를 빼고 2군데씩 칼집을 넣어요. 볼에 닭간과 밑간 재료를 넣고 잘 섞어 10분 정도 재워둬요.

2 **나머지 재료 손질하기** 부추는 3~4cm 길이로 자르고 마늘은 얇게 저며요. 홍고추는 반으로 어슷하게 썰어 씨를 제거해요.

3 **부추 볶기** 식용유 1/2큰술을 두른 프라이팬에 부추를 넣고 센 불에서 재빨리 볶아요. 숨이 살짝 죽으면 불을 끄고 부추를 꺼내요.

4 **닭간에 녹말 묻히기** 손질한 닭간의 수분을 키친타월로 제거한 뒤 볼에 담고 녹말을 골고루 묻혀요.

5 **닭간 볶기** 3의 프라이팬에 식용유 1/2큰술을 두르고 마늘과 홍고추를 약불에서 볶아요. 마늘과 고추향이 나기 시작하면 중불로 바꿔 닭간을 넣고 골고루 익혀요. 노릇노릇해지면 약불로 줄여 뚜껑을 덮고 1분 정도 속까지 익혀요.

● Point
닭간에 밑간이 제대로 배게 하는 것이 중요해요. 양념에서 간장의 양을 줄이면 당질을 더 낮출 수 있어요.

당질
6.4g

닭모래집튀김

당질은 적고 비타민B군은 풍부한 닭모래집을 사용한 건강한 요리예요.
쫄깃쫄깃한 식감과 감칠맛, 고소한 향에 반하게 된답니다.

재료(1인분) 닭모래집 100g, 애호박 1/2개(80g), 밀가루 1/2큰술, 튀김 기름 적당량, 시치미 약간
양념 간장 1작은술, 맛술 1/2작은술, 소금 약간

만드는 방법

1 **재료 손질하기** 닭모래집은 지방과 하얀 힘줄을 제거한 뒤 칼집을 여러 번 내요. 애호박은 세로로 군데군데 껍질을 벗긴 뒤 2cm 두께로 반달썰기 해요.

2 **양념 섞기** 볼에 양념 재료를 넣고 고루 섞어요.

3 **튀기기** 키친타월로 물기를 없앤 닭모래집을 볼에 담고 밀가루를 골고루 묻혀요. 180℃ 튀김 기름에 닭모래집을 넣고 뒤집어가면서 2~3분 정도 튀겨요. 애호박을 넣고 1분 정도 튀긴 다음 모두 꺼내 기름기를 빼요.

4 **양념하기** 볼에 튀긴 닭모래집과 애호박, 양념 재료를 넣고 빠르게 버무려요. 그릇에 옮겨 담고 시치미를 뿌려요.

● **Point**
닭모래집과 애호박이 뜨거울 때 빨리 양념에 버무리는 것이 포인트! 그러면 간장을 조금만 사용해도 양념이 잘 배어요.

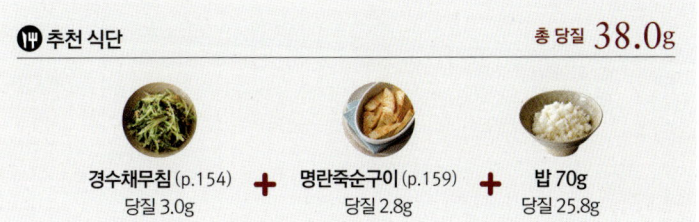

추천 식단 — 총 당질 38.0g

경수채무침 (p.154) 당질 3.0g + 명란죽순구이 (p.159) 당질 2.8g + 밥 70g 당질 25.8g

• 양고기

특유의 맛과 향이 있는 양고기는 당질 함량이 낮을 뿐만 아니라 L-카르니틴, 철분, 비타민B군이 풍부해요. 구이나 볶음 등으로 색다른 맛을 즐겨보세요.

당질 4.0g

양갈비허브마리네구이

양고기는 당질 함량이 낮아 푸짐하게 먹어도 걱정 없어요.
향긋한 허브 향과 양고기 특유의 풍미가 절묘한 조화를 이룹니다.

재료(1인분)

양갈비 2쪽(145g[1]), 새송이버섯 1개(60g), 브로콜리 30g, 방울토마토 1개, 소금, 후추 각각 적당량, 올리브유 적당량, 로즈마리, 이탈리안 파슬리 각각 약간
밑간 얇게 저민 마늘 1/2쪽, 다진 파슬리 1큰술, 로즈마리 약간, 레몬 2조각(반달썰기), 생강채 약간, 올리브유 1큰술, 화이트와인 1작은술

만드는 방법

1 양고기 손질하기 양고기는 앞뒤로 소금과 후추를 약간씩 뿌린 다음 밑간 재료를 올리고 이따금 뒤집어가면서 1~2시간 동안 재워둬요.

2 나머지 재료 손질하기 새송이버섯은 밑동을 제거한 뒤 세로로 반 자르고, 브로콜리도 세로로 반 잘라요. 방울토마토는 꼭지를 따요.

3 굽기 그릴팬(또는 프라이팬)에 올리브유를 약간 두르고 중불에서 가열한 뒤 재워놓은 양고기와 2의 재료들을 올려요. 양고기는 뒤집개로 눌러주면서 1~2분 정도 구워요. 다른 채소도 마찬가지 방법으로 굽고 약간의 소금과 후추를 뿌려줘요.

4 완성 그릇에 구운 양고기와 채소들을 담고 로즈마리와 이탈리안 파슬리를 곁들여요.

● Point
기름기가 많은 양갈비와 올리브유를 사용했지만 당질은 낮으니 안심하세요. 또한 양고기에는 지방 연소를 촉진하는 L-카르니틴 성분이 풍부해요.

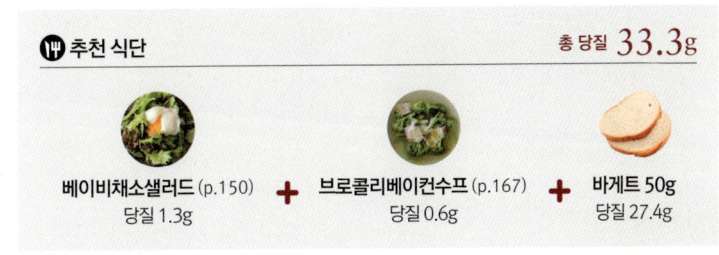

🍴 추천 식단   총 당질 **33.3**g

베이비채소샐러드 (p.150) + 브로콜리베이컨수프 (p.167) + 바게트 50g
당질 1.3g   당질 0.6g   당질 27.4g

---

1 정미량. 갈빗대가 붙어 있는 것은 180g을 준비해요.

당질
3.1g

양고기쿠민볶음

향신료가 양고기 특유의 맛을 더욱 살려줘요.
저당질의 잎채소를 듬뿍 넣어 포만감도 느낄 수 있어요.

재료(1인분)

구이용 양고기 100g, 마늘 1쪽, 양파 25g, 루콜라 20g, 물냉이 20g, 소금 1/5 작은술, 굵은 후추 약간, 올리브유 1큰술, 쿠민가루 약간

만드는 방법

1 재료 손질하기   양고기는 앞뒤로 소금과 굵은 후추를 약간씩 뿌려요. 마늘은 얇게 저미고 양파는 얇게 썰어요. 루콜라와 물냉이는 4~5cm 길이로 잘라요.

2 굽기   프라이팬에 올리브유를 두르고 1의 마늘을 약불에서 앞뒤로 구워요. 색이 노릇해지면 양고기를 넣고 센 불에서 앞뒤로 구워요.

3 양념하기   고기의 색이 변하면 쿠민가루를 뿌리고 볶아요. 양파와 루콜라, 물냉이를 넣고 불을 끈 다음 전체적으로 섞어 그릇에 담아요.

● Point
당질 함량이 많은 양파의 양을 정확하게 지켜주세요. 녹색 채소는 쑥갓이나 소송채 등 다른 재료로 대체해도 좋아요.

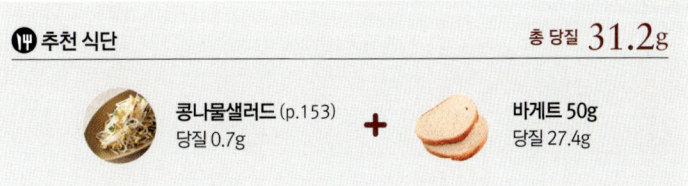

DIET-RECIPE

●

어패류

어패류는 영양가가 높고 당질 함량이 매우 낮아
안심하고 먹을 수 있는 식재료입니다.
콜레스테롤 수치와 중성 지방을 낮추는 효과까지 있으니
어패류를 이용한 메뉴를 식탁에 자주 올려보세요.

참치, 대구, 연어, 새우, 문어, 오징어 등
일상적으로 먹는 어패류를 올리브오일과 색다른 소스로
조금 더 맛있고 특별하게 즐겨보세요.

어패류 100g 중 당질량

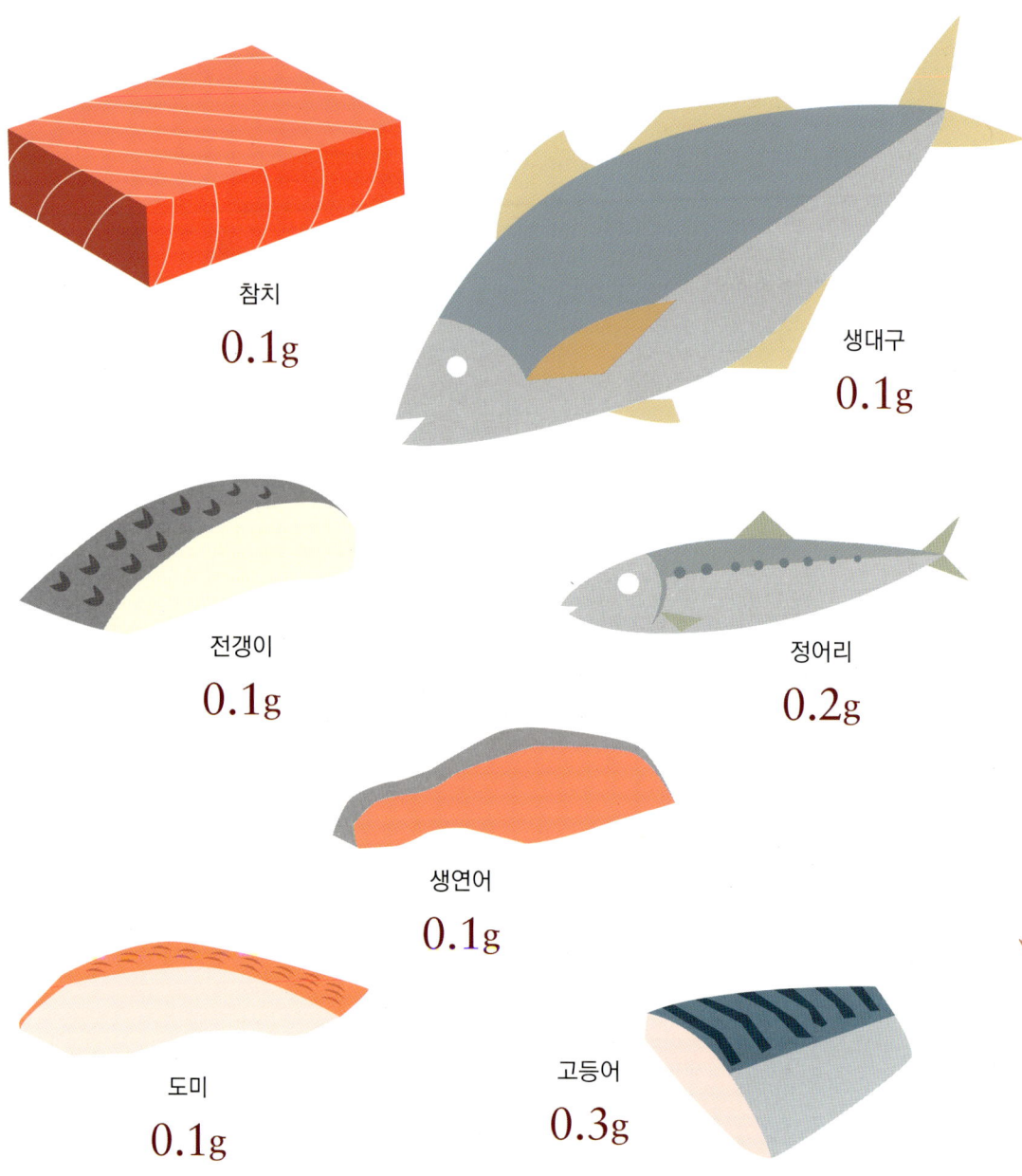

참치 0.1g

생대구 0.1g

전갱이 0.1g

정어리 0.2g

생연어 0.1g

도미 0.1g

고등어 0.3g

삼치 0.1g

방어 0.3g

가리비관자 3.5g

새우(블랙타이거) 0.3g

삶은 문어 다리 0.1g

오징어 0.1g

기타 어패류 100g 중 당질량
바지락…0.4g
굴…4.7g
대구알…0.4g
생성게…3.3g
명란젓…3.0g
장어구이…3.1g
어묵…9.7g

• 어패류

어패류는 당질 함량이 낮고 고단백 식품이라 활용도가 높은 식재료예요. 등푸른 생선, 흰살 생선, 새우, 문어, 조개류 등을 다양하게 요리해 맛있게 먹으면서 다이어트하세요.

당질
2.3g

참치카르파초

올리브유의 감칠맛과 향으로 더욱 상큼하게 즐겨요.
당질 함량이 적은 채소가 곁들여져 포만감도 좋고, 손님 초대 요리로도 그만이에요.

재료(1인분)

손질된 참치(붉은 살) 100g, 셀러리 25g, 오이 20g, 다진 양파 1큰술, 다진 파슬리 1/2큰술, 베이비채소 15g, 올리브유 1큰술, 소금 1/5작은술, 후추 약간, 레몬 1조각(반달썰기)

만드는 방법

1 재료 손질하기
참치는 사방 8mm 크기로 썰고, 셀러리는 두꺼운 심줄을 제거한 뒤 사방 5mm 크기로 잘게 썰어요. 오이도 사방 5mm 크기로 썰어요.

2 양념하기
볼에 1의 참치, 셀러리, 오이와 다진 양파를 넣고 올리브유를 뿌려 잘 섞어요. 파슬리, 소금, 후추를 뿌리고 다시 고루 섞어줘요.

3 완성
그릇에 베이비채소를 깔고 2를 올린 뒤 레몬을 곁들여요. 먹기 전에 레몬즙을 짜서 먹어요.

● Point
당질이 낮은 오이와 셀러리는 듬뿍, 당질이 높은 편인 양파는 조금만 넣어 맛을 내요. 올리브유와 파슬리를 첨가해 풍미가 뛰어나요.

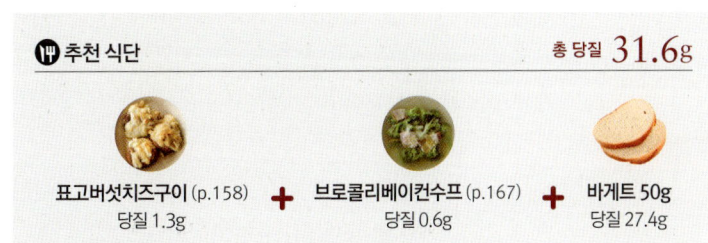

추천 식단 — 총 당질 31.6g

표고버섯치즈구이 (p.158) 당질 1.3g
+ 브로콜리베이컨수프 (p.167) 당질 0.6g
+ 바게트 50g 당질 27.4g

당질
9.3g

전갱이튀김

튀김옷의 양만 잘 지키면 다이어트 중에도 얼마든지 튀김 요리를 즐길 수 있어요.
곁들이는 양배추 샐러드에는 오이를 섞어 식감과 양을 살려주세요.

재료(1인분)

전갱이(포를 뜬 것) 1마리(100g), 양배추 30g, 오이 30g, 소금, 후추 각각 약간, 밀가루 1작은술, 달걀물 1/3개 분량, 빵가루 10g, 튀김 기름 적당량
타르타르소스 삶은 달걀[1] 다진 것 1개 분량, 다진 파슬리 1큰술, 마요네즈 1큰술, 소금, 후추 각각 약간

만드는 방법

1 전갱이 손질하기   전갱이는 키친타월로 물기를 닦고 앞뒷면에 소금과 후추를 뿌려요. 전갱이에 브러시로 밀가루를 얇게 펴 바른 뒤 달걀물, 빵가루 순으로 튀김옷을 입혀요.

2 나머지 재료 손질하기   양배추와 오이는 채 썰어 찬물에 담갔다가 건져내 물기를 빼요.

3 소스 만들기   볼에 타르타르소스 재료를 넣고 고루 섞어요.

4 튀기기   180℃ 튀김 기름에 전갱이를 넣고 중불에서 1~2분간 튀겨요. 뒤집어서 1~2분 더 바삭하게 튀긴 다음 건져내 기름기를 빼요. 그릇에 담은 뒤 타르타르소스를 뿌리고 채 썬 양배추와 오이를 곁들여요.

● Point
전갱이에 물기가 남아 있으면 밀가루가 많이 묻어 당질량이 높아지므로 물기를 최대한 제거해주세요. 생선 비린내를 없애는 효과도 있어요.

1 냄비에 달걀이 잠길 정도의 물을 붓고 중불에서 굴려가면서 삶아요. 물이 끓기 시작하면 약불로 줄여 10분 정도 삶은 뒤 찬물에 담가요.

당질
1.2g

정어리치즈소테

당질이 낮은 정어리, 치즈, 시금치의 조합이 돋보이는 담백한 요리예요.
DHA, EPA가 풍부한 등푸른 생선은 다이어트 식품으로 정말 좋아요.

🧺 재료(1인분)

정어리(반으로 갈라 펼친 것) 2마리(120g), 시금치 50g, 피자 치즈 30g, 소금, 후추 각각 약간, 식용유 약간, 양상추 20g

🍲 만드는 방법

1　정어리 손질하기　　정어리는 가운데 뼈를 제거하고 키친타월로 물기를 제거한 뒤 앞뒷면에 소금과 후추를 뿌려요.

2　시금치 손질하기　　끓는 물에 약간(분량 외)의 소금을 넣고 시금치를 30초 데쳐요. 데친 시금치를 찬물에 담가 식힌 다음 물기를 꼭 짜요. 뿌리 부분을 제거하고 3cm 길이로 잘라요.

3　재료 넣기　　정어리살 위에 시금치와 피자 치즈를 순서대로 올린 뒤 반으로 접어 이쑤시개로 고정해요.

4　굽기　　식용유를 두른 프라이팬에 3을 올려 중약불에서 3분 정도 구워요. 뒤집어서 2분 더 구운 다음 이쑤시개를 제거해요. 그릇에 담고 양상추를 곁들여요.

● Point
피자 치즈는 이렇게 많이 사용해도 당질은 겨우 0.5g. 먹고 싶은 만큼 올려서 음식의 맛과 볼륨감을 살려 줘요.

🍽 추천 식단　　　　　　　　　총 당질 34.9g

콩비지샐러드 (p.151) + 돼지고기채소국 (p.164) + 밥 70g
당질 4.2g　　　　　　당질 3.7g　　　　　　당질 25.8g

당질
4.7g

대구채소전

얇게 저민 대구살에 달걀물을 입혀서 전을 부치면 훌륭한 당질 제한식이 됩니다.
양질의 단백질을 맛있게 섭취하세요.

재료(1인분)

대구살 1덩어리(80g), 달걀 1개, 노자와나 절임(붉은 순무의 일종인 노자와나의 줄기를 소금에 절여 만든 일본 음식) 20g, 소금 약간, 밀가루 1/2큰술, 참기름 2작은술, 물냉이 2줄기, 방울토마토 1개

만드는 방법

1. 재료 손질하기 — 대구살은 1cm 두께로 포를 뜬 뒤 앞뒷면에 소금을 뿌려요. 노자와나 절임은 다져서 물기를 짜요.

2. 달걀물 만들기 — 볼에 달걀을 깨뜨려 넣고 잘 풀어준 다음 노자와나 절임을 넣고 섞어요.

3. 부치기 — 대구살의 물기를 키친타월로 제거한 뒤 브러시로 밀가루를 얇게 펴 발라요. 프라이팬에 참기름을 두르고 약불에서 가열한 다음 달걀물을 묻힌 대구살을 올려요. 2분 정도 부친 다음 뒤집어서 1분 더 부쳐요. 전이 타지 않도록 두 번에 나누어서 노릇하게 부쳐요.

4. 완성 — 그릇에 전을 담고 물냉이와 방울토마토를 곁들여요.

● Point
달걀 1개의 당질은 겨우 0.2g. 달걀에 채소 절임의 깊은 맛이 더해져 더욱 맛있어요.

연어프리터

달걀흰자 거품으로 만든 튀김옷을 입혀 바삭하게 튀긴 인기 만점 이탈리아 요리!
튀김옷 재료의 배합에 신경 써주세요.

재료(1인분)

손질된 생연어 1덩어리(100g), 아스파라거스 1개(35g), 만가닥버섯 15g, 방울토마토 1개, 소금, 후추 각각 약간, 튀김 기름 적당량
튀김옷 달걀흰자 1개 분량, 소금 1/5작은술, 밀가루 1큰술, 치즈가루 1/2큰술

만드는 방법

1 **재료 손질하기** 연어는 1cm 두께로 포를 뜬 뒤 앞뒷면에 소금과 후추를 뿌려요. 아스파라거스는 밑동에서 7cm 정도까지 껍질을 벗기고 길이를 반 잘라요. 만가닥버섯은 밑동을 제거하고, 방울토마토는 부드러운 식감을 위해 껍질을 벗겨요.

2 **튀김옷 만들기** 볼에 달걀흰자를 넣고 잘 휘저어서 거품을 내요. 나머지 재료를 순서대로 넣고 가볍게 섞어요.

3 **연어 튀기기** 키친타월로 연어의 물기를 제거한 뒤 튀김옷을 입혀요. 170~180℃ 튀김 기름에 넣고 약불에서 1분 정도 튀겨요. 뒤집어서 30초 더 튀긴 후 건져내 기름기를 빼요.

4 **나머지 재료 튀기기** 아스파라거스, 만가닥버섯, 방울토마토도 튀김옷을 입혀 1분 정도 튀긴 후 기름기를 빼요. 튀긴 연어와 함께 그릇에 담아요.

● Point
밀가루를 첨가해서 튀김옷이 잘 묻고 바삭바삭해요. 단, 밀가루는 당질량이 높으니 양을 정확하게 지켜주세요.

당질
8.7g

버터소스도미무니엘

도미의 담백한 맛과 버터소스의 풍부한 레몬향이 너무도 잘 어울리는 요리예요.
당질량을 초과하지 않도록 참마의 사용량에 주의해주세요.

재료(1인분)

손질된 도미 1덩어리(100g), 브로콜리 30g, 참마 2cm(40g), 레몬 1조각(둥글게 슬라이스한 것), 소금, 후추 약간, 밀가루 1작은술, 식용유 1큰술, 버터 1큰술

만드는 방법

1 재료 손질하기 — 도미는 껍질 쪽에 4~5군데 칼집을 내고 앞뒷면에 소금과 후추를 뿌려요. 브로콜리는 세로로 반 자르고, 참마는 껍질을 벗겨 1cm 두께로 썰고, 레몬은 껍질을 제거해요.

2 도미에 밀가루 묻히기 — 키친타월로 도미의 물기를 제거한 뒤 브러시로 밀가루를 얇게 펴 발라요.

3 굽기 — 식용유를 두른 팬에 2의 껍질이 팬에 닿도록 올리고, 옆에 브로콜리와 참마를 올려 중불에서 3분 정도 구워요. 뒤집어서 3분 더 구운 뒤 브로콜리와 참마를 꺼내 소금을 약간 뿌려요.

4 완성 — 그릇에 구운 도미를 담고 레몬을 올린 다음 구운 참마와 브로콜리를 곁들여요. 작은 프라이팬에 버터를 넣고 약불에서 녹인 뒤 버터향이 나면 레몬 위에 끼얹어요.

● Point
밀가루가 너무 많이 묻지 않도록 키친타월로 도미의 물기를 완전히 제거한 뒤 브러시로 얇게 펴 발라주세요.

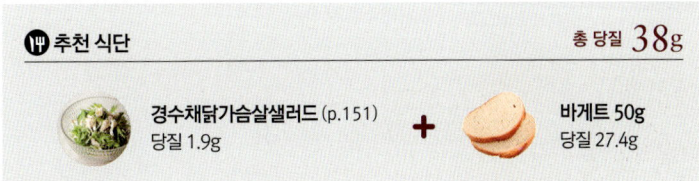

추천 식단 — 총 당질 38g

경수채닭가슴살샐러드 (p.151) 당질 1.9g + 바게트 50g 당질 27.4g

당질
5.0g

고등어조림

당질이 높은 고추장 대신 향미 채소와 고춧가루를 사용해 고등어조림을 만들어보세요.
다이어트에도 좋고 맛도 더욱 깔끔해요.

재료(1인분)

손질된 고등어 1덩어리(100g), 소송채 1/2다발(100g), 참기름 1작은술
조림 양념 물 1/3컵, 다진 파 2큰술, 다진 마늘 1/2작은술, 청주, 간장 각각 1큰술, 라칸토S(p.11) 1작은술, 생강즙, 고춧가루 각각 약간

만드는 방법

1 재료 손질하기

고등어는 3등분한 뒤 껍질 쪽에 2군데씩 칼집을 내고, 소송채는 줄기 끝을 잘라낸 뒤 3~4cm 길이로 썰어요.

2 고등어 조리기

프라이팬에 조림 양념의 물을 넣고 중불로 가열해요. 나머지 양념 재료를 전부 넣고 끓기 시작하면 고등어를 껍질이 위를 향하도록 넣어요. 숟가락으로 고등어에 조림 양념을 끼얹으면서 끓이다가 고등어의 색이 변하면 뚜껑을 덮고 약불에서 6~7분 정도 조려요.

3 소송채 곁들이기

고등어를 한쪽으로 밀어두고 남은 공간에 소송채를 넣고 숨이 죽을 때까지 뒤적이면서 조려요. 참기름을 두른 뒤 조림 국물까지 모두 그릇에 담아요.

● **Point**
단맛을 낼 때는 설탕 대신 천연 원료로 만든 감미료를 사용하는 게 좋아요. 천연 감미료를 사용하면 자연 그대로의 건강한 단맛을 낼 수 있어요.

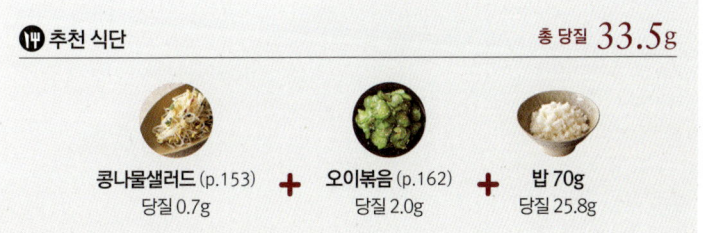

당질
2.1g

삼치마요네즈구이

우메보시와 마요네즈를 발라 구운 생선 요리예요.
깻잎의 향긋한 향까지 더해져 더욱 색다르고 맛있어요.

재료(1인분) 손질된 삼치 1덩어리(100g), 오크라 3개(30g), 깻잎 2장, 우메보시 1개, 소금 약간, 마요네즈 2큰술, 식용유 1/2큰술

만드는 방법

1 재료 손질하기   삼치는 껍질 쪽에 2군데 살짝 칼집을 내고 소금을 뿌려요. 오크라는 꼭지 주변의 딱딱한 부분을 얇게 돌려 깎고 어슷하게 반으로 잘라요. 우메보시는 씨를 제거한 뒤 칼로 곱게 다지고, 깻잎은 줄기를 제거하고 세로로 반 자른 다음 채 썰어요.

2 소스 만들기   볼에 마요네즈와 다진 우메보시를 넣고 고루 섞어요.

3 프라이팬에 굽기   키친타월로 삼치의 물기를 제거한 뒤 식용유를 두른 팬에 삼치의 껍질 면이 닿도록 올리고 오크라와 함께 중불에서 구워요. 1분 정도 구운 다음 뒤집어서 1분 더 구워요.

4 오븐에서 굽기   삼치를 껍질이 위를 향하도록 놓고 소스를 바른 다음 깻잎을 올려요. 오븐에서 5~6분 정도 구운 뒤 그릇에 담고 오크라를 곁들여요.

● Point
'다이어트의 적'이라고 여겨지는 마요네즈를 2큰술이나 넣어도 당질량은 겨우 1.0g. 우메보시의 새콤함이 더해져 더욱 고급스러운 맛이 나요.

당질
6.8g

방어오일조림

단백질과 지방질이 풍부한 방어를 올리브유로 조리해 섭취해보세요.
에너지 소비를 촉진하는 효과가 있어서 다이어트에 좋아요.

재료(1인분) 손질된 방어 1덩어리(100g), 새송이버섯 2개(100g), 마늘 1쪽, 생강 1/2쪽, 파슬리 1줄기, 홍고추 1~2개, 월계수잎 1개, 소금 1/3작은술, 굵은 후추 약간, 올리브유 3큰술, 레몬 1조각(빗모양썰기)

만드는 방법

1 재료 손질하기   방어는 먹기 좋게 3~4등분해요. 새송이버섯은 밑동을 제거한 뒤 가로 세로로 반씩 잘라요. 마늘과 생강은 얇게 저미고 파슬리는 잎을 떼어내요. 월계수잎은 반으로 잘라요.

2 조리기   프라이팬에 방어와 새송이버섯을 넣고 소금과 굵은 후추를 뿌린 뒤 마늘, 생강, 파슬리, 홍고추, 월계수잎을 넣고 고루 섞어요. 올리브유를 넣고 뚜껑을 덮은 다음 중불에서 가열해요. 끓기 시작하면 약불로 줄이고 이따금 저어주면서 10분 정도 조려요.

3 완성   그릇에 2를 담고 레몬을 곁들여요. 먹기 전에 레몬즙을 뿌려 먹어요.

● **Point**
방어와 새송이버섯에 올리브유의 깊은 맛과 향이 잘 배도록 뚜껑을 덮고 천천히 조려야 해요.

당질
8.9g

문어파전

속은 부드럽고 겉은 바삭바삭!
달걀물을 입혀 참기름으로 구워낸 고소한 맛이 일품이에요.

재료(1인분) 삶은 문어 다리 100g, 달걀 1개, 쪽파 2뿌리(40g), 밀가루 1큰술, 참깨 1작은술, 소금, 후추 각각 약간, 참기름 1큰술

만드는 방법

1 재료 손질하기 문어는 사방 1cm 크기로 썰어 키친타월로 물기를 제거하고, 쪽파는 작게 송송 썰어요. 볼에 달걀을 깨뜨려 풀어요.

2 섞기 다른 볼에 문어와 쪽파를 넣고 밀가루, 참깨, 소금, 후추를 뿌려 잘 섞은 다음 달걀물을 붓고 골고루 섞어요.

3 부치기 프라이팬에 참기름을 두르고 중약불로 가열한 뒤 2의 반죽을 1/5숟가락씩 떠서 팬에 올려요. 1~2분 정도 부친 다음 뒤집어서 1~2분 더 부쳐서 그릇에 담아요. 한 번에 다 부칠 수 없으면 두 번에 나누어 부쳐요.

● Point
재료에 미리 밀가루를 묻혀두면 나중에 달걀물이 쉽게 잘 섞여요. 이렇게 하면 밀가루 양이 줄어 당질량을 낮출 수 있어요.

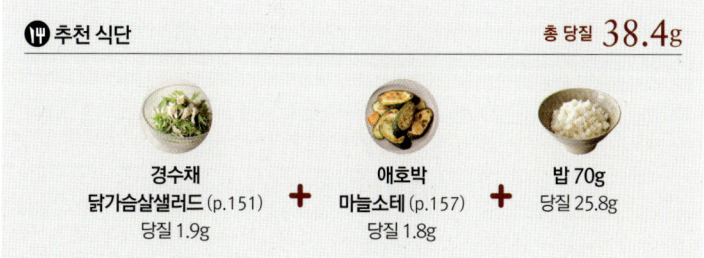

칠리마요새우볶음

볶은 새우에 마요네즈의 고소함을 더했어요.
저당질의 양상추를 듬뿍 곁들여 배부르게 즐겨보세요.

재료(1인분)

껍질을 깐 새우 100g, 양상추 3~4장(40g), 다진 파 2큰술, 다진 마늘 1/2작은술, 녹말 1작은술, 식용유 1/2큰술, 두반장 1/4작은술, 청주 1큰술
양념 마요네즈 2큰술, 소금, 후추 각각 약간

만드는 방법

1 재료 손질하기

새우는 등 쪽의 내장을 제거하고 물에 씻은 다음 키친타월로 물기를 제거해요. 양상추는 물에 씻은 뒤 그릇에 깔아둬요.

2 볶기

볼에 새우를 넣고 녹말을 골고루 묻혀요. 식용유를 두른 팬에 새우를 넣고 중불에서 볶아요. 새우의 색이 변하면 다진 파, 마늘, 두반장을 넣고 볶아요. 향이 나면 청주를 뿌린 뒤 뚜껑을 덮고 약불에서 1분 정도 익혀요.

3 양념하기

2에 양념 재료를 넣고 빠르게 섞은 다음 양상추를 깐 그릇에 담아내요.

● Point
새우에 뿌리는 녹말의 양을 정확하게 지켜주세요. 녹말이 너무 많이 묻으면 당질량이 초과돼요.

추천 식단 — 총 당질 37.5g
모로헤이야햄볶음 (p.162) 당질 2.4g + 두부김칫국 (p.165) 당질 2.7g + 밥 70g 당질 25.8g

오징어내장볶음

올리브유와 마늘을 사용한 서양식 오징어내장볶음이에요.
단백질이 풍부하고 쫄깃쫄깃한 맛도 좋지요. 간장 대신 소금을 넣으면 당질을 더 낮출 수 있어요.

재료(1인분) 오징어 1마리(140g[1]), 생표고버섯 2개(40g), 마늘 1쪽, 홍고추 1개, 다진 파슬리 1큰술, 올리브유 1큰술, 화이트와인 1큰술, 소금 1/4작은술, 후추 약간

만드는 방법

1 오징어 손질하기   오징어는 다리와 몸통을 분리한 다음 먼저 몸통의 연골을 제거해요. 몸통 속을 흐르는 물에 씻고 키친타월로 물기를 닦은 뒤 1cm 두께로 썰어요. 다리는 내장, 눈, 입을 떼어내고 물에 씻은 뒤 물기를 제거해요. 다리는 2~3개씩 나눠 자르고, 내장은 물에 씻은 뒤 칼집을 넣어 볼에 담아요.

2 나머지 재료 손질하기   표고버섯은 밑동을 제거한 뒤 4등분하고, 마늘은 얇게 저며요. 홍고추는 꼭지를 제거한 다음 얇게 썰어요.

3 볶기   프라이팬에 올리브유와 마늘을 넣고 약불에서 볶아요. 색이 나기 시작하면 표고버섯을 넣고 중불에서 볶아요. 어느 정도 볶아졌으면 홍고추와 오징어를 넣고 센 불에서 볶아요.

4 양념하기   오징어 색이 변하면 손질해둔 오징어 내장을 넣고 살짝 볶아요. 화이트와인, 소금, 후추, 파슬리를 뿌린 뒤 재빠르게 볶아 그릇에 담아요.

●Point
저탄수화물 다이어트에서는 기름을 사용한 요리도 괜찮습니다. 마늘의 풍미가 올리브유에 잘 배어나도록 약한 불에서 천천히 볶아주세요.

1 정미량. 손질하기 전에는 160g.

당질
6.6g

가리비관자소테

보기만 해도 군침이 도는 가리비관자 요리도 훌륭한 저당질 요리예요.
토마토는 섭취량을 잘 지켜서 드세요.

재료(1인분)

가리비관자 3개(100g), 애호박 1/3개(50g), 토마토 1/4개(50g), 소금, 후추 각각 약간, 올리브유 1큰술, 이탈리안 파슬리 적당량
소스 다진 파슬리 1/2큰술, 올리브유 1큰술, 레몬즙 1작은술, 소금 1/5작은술, 후추 약간

만드는 방법

1 **재료 손질하기**   가리비는 앞뒤로 소금과 후추를 뿌려두고, 애호박은 세로로 군데군데 껍질을 벗긴 뒤 1cm 두께로 썰어요. 토마토는 씨를 제거하고 사방 5~6mm 크기로 잘게 썰어요.

2 **소스 만들기**   볼에 토마토와 소스 재료를 넣고 잘 섞어 그릇에 넓게 펼쳐 담아요.

3 **굽기**   올리브유를 두른 프라이팬에 가리비, 애호박을 넣고 약간 센 불에서 2분 정도 구워요. 뒤집어서 2분 더 구운 다음 그릇에 담고 이탈리안 파슬리를 곁들여요.

● **Point**
토마토 50g의 당질은 1.9g. 단맛이 강해서 적은 양으로도 충분히 깊은 맛을 낼 수 있어요.

추천 식단   총 당질 **35.9g**

베이비채소샐러드 (p.150) 당질 1.3g + 브로콜리베이컨수프 (p.167) 당질 0.6g + 바게트 50g 당질 27.4g

장어두묘볶음

장어는 칼로리가 높아 피하게 되기 쉽지만, 당질 제한 다이어트에서는 추천하는 식재료예요.
저렴하고 몸에도 좋은 두묘를 듬뿍 넣어 영양 밸런스를 맞춰주세요.

재료(1인분) 간장소스 장어구이 75g, 두묘(완두콩의 싹) 100g, 대파 3cm, 홍고추 1개, 식용유 1큰술, 청주 1큰술, 소금, 후추 각각 약간

만드는 방법

1 재료 손질하기 장어는 세로로 반을 자른 뒤 1cm 두께로 잘라요. 두묘는 줄기 끝을 잘라내고 길이를 반으로 잘라요. 대파는 8mm 두께로 어슷하게 썰고, 홍고추는 반으로 갈라 씨를 제거한 뒤 어슷썰기 해요.

2 볶기 프라이팬에 식용유와 홍고추를 넣고 약불에서 볶다가 고추향이 나기 시작하면 중불로 바꿔 두묘와 대파를 넣고 볶아요. 두묘의 숨이 살짝 죽으면 장어를 넣고 청주를 뿌려요. 소금, 후추를 뿌리고 살짝 볶은 뒤 그릇에 담아요.

● Point
장어구이 75g의 당질량은 2.3g. 장어구이의 짭짤하고 달콤한 맛을 살리면서 전체적으로는 소금으로 담백한 맛을 내는 것이 포인트!

DIET-RECIPE

●

달걀·대두 제품

달갈과 대두 제품은 당질이 낮으면서 영양가가 높고 가격도 저렴해서
저탄수화물 다이어트에서 절대 빼놓을 수 없는 식재료예요.
특히 완전식품이라 불리는 달걀은
어떤 레시피로 요리해도 거부감이 없고 맛있지요.

달걀말이, 오믈렛, 두부튀김, 두부스테이크 등
쉽고 간편하지만 누구나 좋아하는 달걀·두부 요리를 즐겨보세요.
달걀은 한 끼에 2개까지 괜찮아요.

일반적으로 달걀 1개는 50g, 두부 1모는 300g,
아츠아게 1장은 240g, 낫토 1팩은 40g이 권장량입니다.

달걀·대두 제품 100g 중 당질량

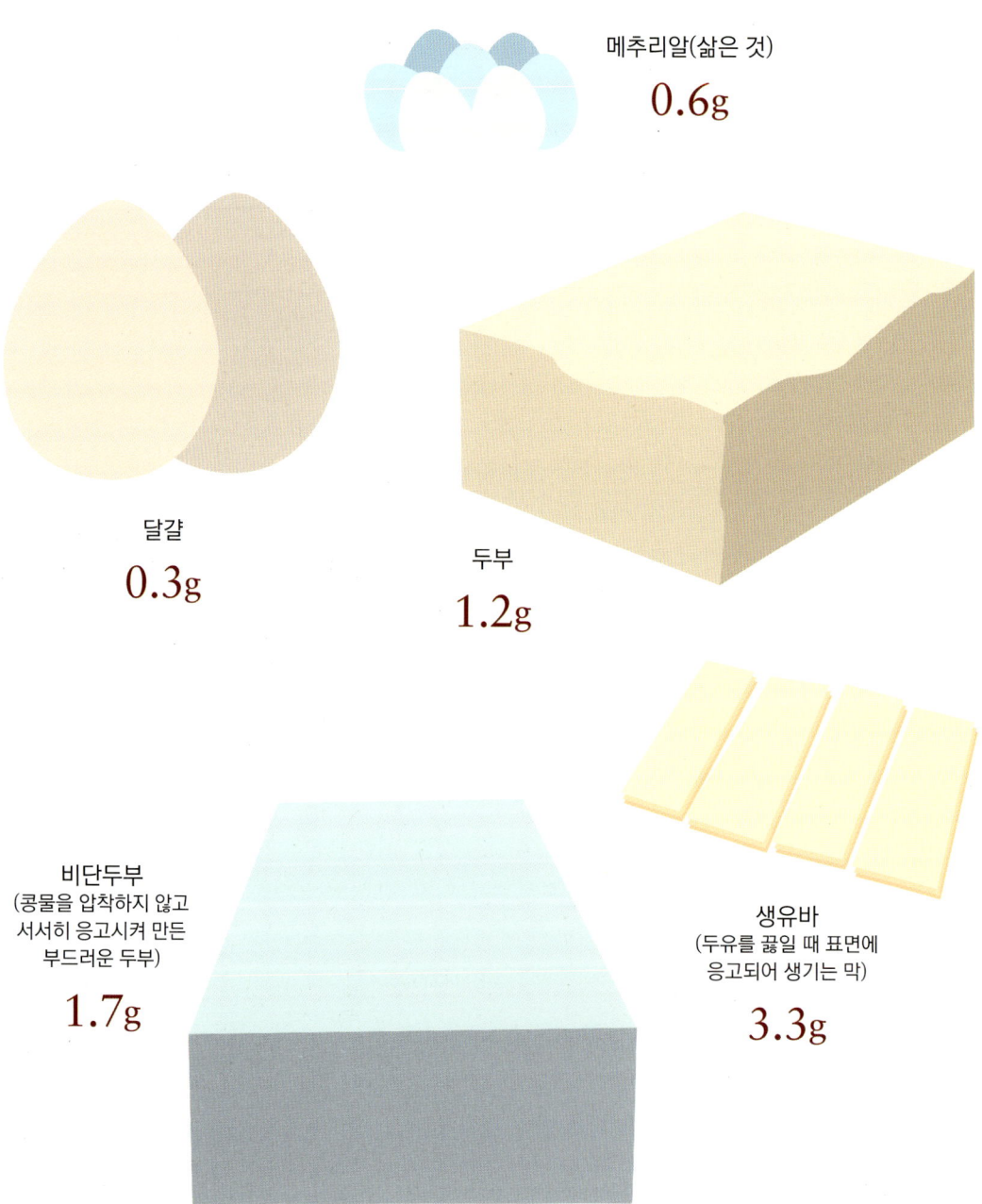

메추리알(삶은 것)
0.6g

달걀
0.3g

두부
1.2g

비단두부
(콩물을 압착하지 않고
서서히 응고시켜 만든
부드러운 두부)
1.7g

생유바
(두유를 끓일 때 표면에
응고되어 생기는 막)
3.3g

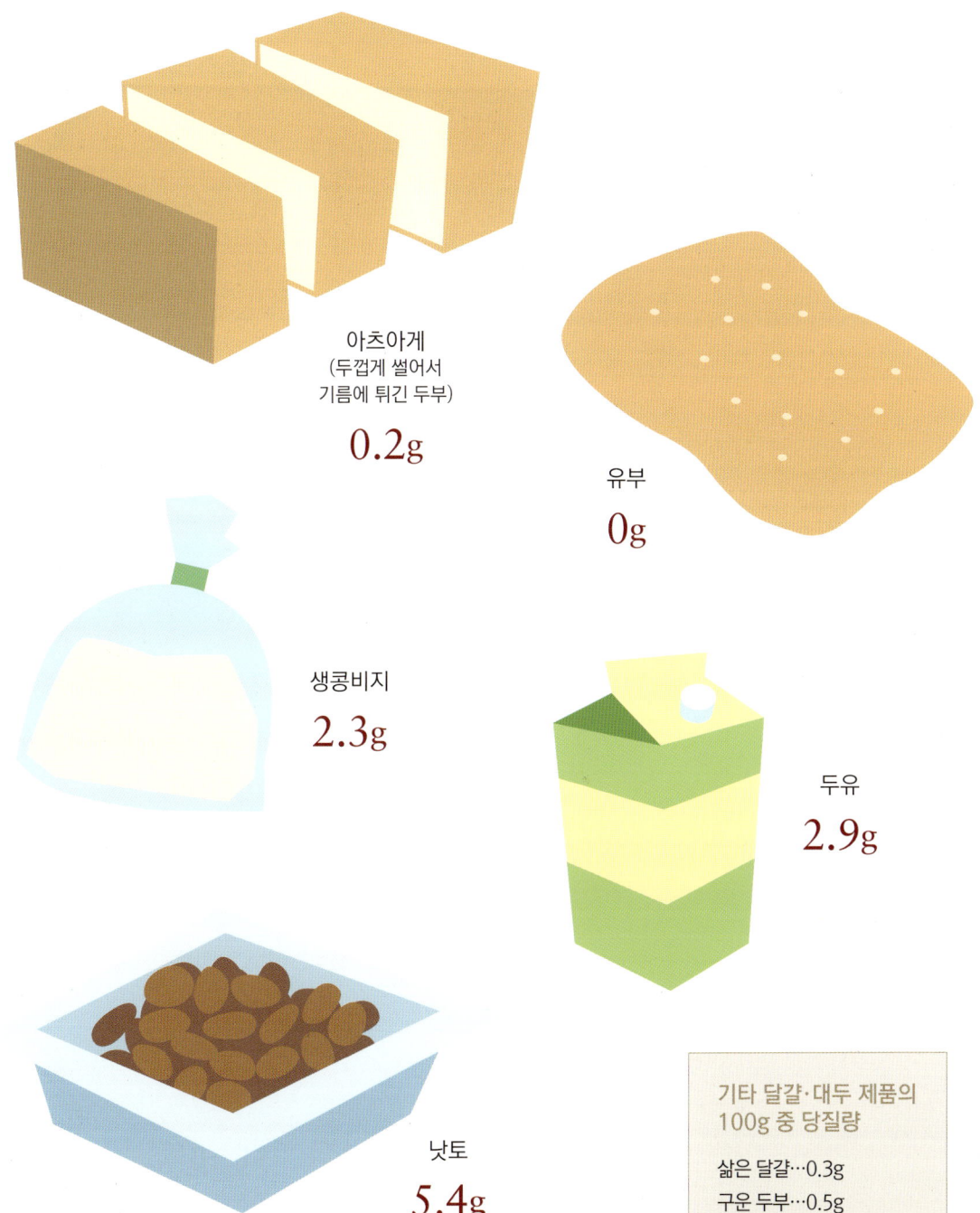

아츠아게
(두껍게 썰어서
기름에 튀긴 두부)
0.2g

유부
0g

생콩비지
2.3g

두유
2.9g

낫토
5.4g

기타 달걀·대두 제품의
100g 중 당질량

삶은 달걀…0.3g
구운 두부…0.5g
얼린 두부(삶은 것)…0.6g
삶은 대두…1.8g

- ## 달걀

달걀은 맛도 좋고 가격도 저렴해서 다양한 요리에 활용할 수 있어요. 당질은 낮고 영양은 풍부한 달걀 요리에 갖가지 채소를 곁들여 푸짐하게 즐겨보세요.

당질 3.0g

명란달걀말이

달걀물에 당질 함량이 낮은 명란을 첨가하여 맛있고 푸짐하게 드세요.
붉은색의 명란과 초록색의 쪽파가 어우러져 알록달록 예쁜 요리가 완성됩니다.

재료(1인분)

달걀 2개, 명란 2개(30g), 쪽파 2뿌리(40g), 식용유 적당량
양념 청주 1큰술, 소금 약간

만드는 방법

1 재료 손질하기   명란은 껍질째 4등분하고, 쪽파는 작게 송송 썰어요.

2 달걀 풀기   볼에 달걀을 깨뜨려 잘 풀어준 다음 양념 재료와 명란, 쪽파를 넣고 섞어요.

3 굽기   가열한 달걀말이팬(또는 프라이팬)에 식용유를 두르고 2를 한꺼번에 부어요. 젓가락으로 크게 휘저어가면서 중불에서 익히다가 반숙 상태가 되면 바깥쪽에서 안쪽으로 말아요. 약불에서 1~2분 정도 익힌 다음, 뒤집어서 1~2분 더 익혀요. 한 김 식혀 4등분으로 자르고 그릇에 옮겨 담아요.

● Point
당질이 낮은 명란과 쪽파를 넣어 안심하고 마음껏 먹을 수 있는 요리예요. 달걀을 2개나 넣어도 당질은 겨우 0.3g!

당질
2.8g

달걀시금치치즈구이

단백질과 철분이 풍부한 건강한 다이어트 요리예요.
홈메이드 특제 소스로 당질은 줄이고 맛은 더했어요.

재료(1인분) 달걀 2개, 시금치 100g, 버터 1/2큰술, 소금, 후추 각각 약간, 피자 치즈 30g
소스 마요네즈 2큰술, 우유 1큰술

만드는 방법

1. **반숙 달걀 삶기** 냄비에 달걀이 잠길 정도로 물을 붓고 중불에서 달걀을 굴려가며 삶아요. 물이 끓기 시작하면 약불로 줄여 6분 정도 더 삶아요. 찬물에 담가 식힌 뒤 껍질을 까고 세로로 반 잘라요.

2. **시금치 데치기** 끓는 물에 약간의 소금(분량 외)을 넣고 시금치를 30초 정도 데쳐요. 찬물에 식힌 뒤 물기를 꼭 짜고 4~5cm 길이로 썰어요.

3. **시금치 볶기** 프라이팬에 버터를 넣고 중불에서 녹인 다음 시금치를 살짝 볶고 소금과 후추를 뿌려요.

4. **소스 만들기** 볼에 소스 재료를 넣고 고루 섞어요.

5. **굽기** 내열 용기에 볶은 시금치를 담고 소스를 뿌린 뒤 달걀을 올리고 피자 치즈를 뿌려요. 오븐에서 노릇해질 때까지 10~12분 정도 구워요.

● **Point**
화이트소스에는 밀가루가 함유되어 당질 함량이 높아요. 마요네즈와 우유로 만든 소스로 대체하고 치즈를 올려주세요.

추천 식단 — 총 당질 **34.4g**

톳당근볶음 (p.163) 당질 3.6g + 브로콜리베이컨수프 (p.167) 당질 0.6g + 바게트 50g 당질 27.4g

당질
4.6g

닭고기버섯다마고도지

향과 식감이 다른 두 종류의 버섯과 다진 닭고기를 이용한 색다른 음식이에요.
독특한 풍미와 식감을 느낄 수 있어요.

재료(1인분)

달걀 2개, 다진 닭고기 50g, 팽이버섯 1/2봉(50g), 생표고버섯 4개(80g), 실파 2뿌리(10g), 식용유 1/2작은술, 청주 1/2큰술, 물 2/3컵
양념 라칸토S(p.11), 간장 각각 1작은술, 소금 약간

만드는 방법

1 **재료 손질하기**
팽이버섯은 밑동을 제거한 뒤 길이를 반으로 자르고, 표고버섯은 밑동을 잘라낸 다음 8mm 두께로 썰어요. 실파는 1cm 길이로 송송 썰어요.

2 **닭고기 볶기**
프라이팬에 식용유를 두르고 약불에서 다진 닭고기를 볶아요. 고기 색이 변하면 청주를 넣어요.

3 **익히기**
2에 물을 붓고 끓기 시작하면 약불로 줄여요. 거품을 걷어내고 중불로 바꿔 팽이버섯과 표고버섯을 넣어요. 양념 재료를 넣고 잘 섞은 다음 뚜껑을 덮고 5분 정도 익혀요.

4 **달걀물 붓기**
볼에 달걀을 풀어 3에 안에서 바깥쪽으로 원을 그리듯 붓고 뚜껑을 덮어 약불에서 1~2분 정도 익혀요. 반숙 상태가 되면 1의 실파를 뿌리고 그릇에 옮겨 담아요.

● Point
버섯은 당질량이 매우 낮은 식재료로 음식을 푸짐하게 만들고 깊은 맛을 내는 데 효과 만점이에요. 식이섬유를 많이 섭취할 수 있는 것도 버섯의 매력이지요.

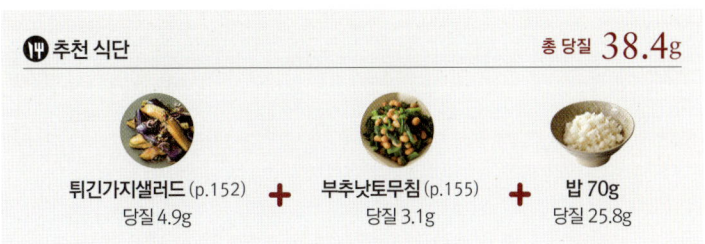

당질
6.4g

스페인식 오믈렛

속재료가 푸짐한 인기 만점의 달걀 요리!
다양한 색의 채소를 듬뿍 넣어 보기에도 좋고 영양 밸런스도 최고예요.

재료(1인분)

달걀 2개, 베이컨 2장(30g), 홍피망 1개, 애호박 1/2개(80g), 양파 1/4개(50g), 치즈가루 1큰술, 소금, 후추 각각 적당량, 올리브유 1/2큰술

만드는 방법

1 달걀 풀기
볼에 달걀을 잘 풀어준 다음 치즈가루와 약간의 소금, 후추를 넣고 고루 섞어요.

2 속재료 손질하기
베이컨은 사방 1cm 크기로 자르고, 홍피망은 꼭지와 씨를 제거한 뒤 사방 1cm로 썰어요. 애호박과 양파도 사방 1cm 크기로 썰어요.

3 속재료 볶기
올리브유 1/2큰술을 두른 프라이팬에 2의 베이컨, 홍피망, 애호박, 양파를 넣고 중불에서 1~2분 정도 볶아요. 채소의 숨이 죽으면 소금과 후추를 약간 뿌리고 잘 섞은 다음 1에 부어요.

4 굽기
지름 18cm의 프라이팬에 올리브유 1큰술을 두르고 중불에서 가열한 뒤 3을 한꺼번에 부어요. 젓가락으로 휘저어가면서 익히다가 반숙 상태가 되면 뚜껑을 덮고 약불에서 3~4분 정도 더 익혀요. 뒤집어서 뚜껑을 덮고 3~4분 더 익힌 뒤 4등분하여 그릇에 담아요.

● Point
속재료의 종류와 양에 주의해주세요. 특히 스페인식 오믈렛의 주재료인 감자는 당질이 높기 때문에 넣지 않는 게 좋고, 양파는 소량만 사용해요.

추천 식단 — 총 당질 37.1g

유부시저샐러드 (p.150) 당질 1.5g + 애호박 마늘소테 (p.157) 당질 1.8g + 바게트 50g 당질 27.4g

당질
3.2g

목이버섯달걀볶음

단백질, 비타민, 미네랄, 식이섬유가 풍부한 건강한 요리예요.
재료 본연의 식감과 맛을 그대로 느낄 수 있습니다.

재료(1인분)

달걀 2개, 건목이버섯 30g[1], 소송채 1/4단(50g), 방울토마토 2개, 소금, 후추 각각 적당량, 식용유 1큰술, 청주 1/2큰술

만드는 방법

1. **재료 손질하기**
   목이버섯은 30분 정도 물에 불린 뒤 밑동을 제거하고 사방 2~3cm 크기로 썰어요. 소송채는 줄기 끝을 잘라내고 3~4cm 길이로 썰고, 방울토마토는 세로로 반 잘라요.

2. **달걀 풀어 볶기**
   볼에 달걀을 풀어준 다음 약간의 소금과 후추를 뿌리고 섞어요. 식용유 1/2큰술을 두른 프라이팬에 달걀물을 한 번에 붓고 약간 센 불에서 젓가락으로 휘저으며 골고루 볶아요. 달걀이 익으면 접시에 덜어요.

3. **나머지 속재료를 볶고 달걀과 섞기**
   2의 프라이팬을 살짝 닦아내고 식용유 1/2큰술을 두른 뒤 목이버섯과 소송채를 넣고 중불에서 볶아요. 어느 정도 볶아졌으면 방울토마토와 먼저 볶아 놓은 달걀을 넣어요.

4. **간하기**
   3에 청주와 소금 1/5작은술, 약간의 후추를 뿌리고 살짝 볶은 뒤 그릇에 담아요.

● Point
채소와 달걀의 다양한 색이 돋보이는 요리예요. 보기도 좋고 맛도 좋지요. 방울토마토는 꼭 양을 지켜주세요.

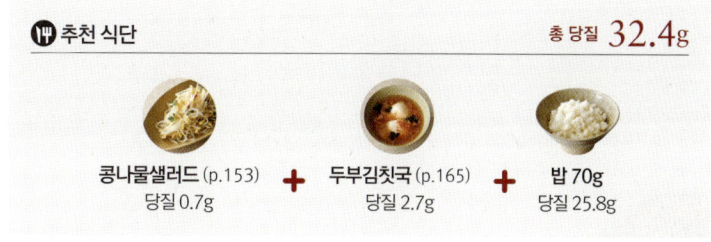

1 물에 불린 후의 정미량. 불리기 전에는 7g.

당질
3.8g

참치달걀부침

바다의 향이 가득한 파래는 당질이 매우 낮고 식이섬유는 아주 풍부한 해조류예요.
따끈따끈하게 부친 달걀에 파래를 곁들인 건강한 요리를 만들어보세요.

재료(1인분)

달걀 2개, 참치 1/2캔(35g), 콩나물 1/4봉지(50g), 건파래 20g[1], 소금, 후추 각각 약간, 식용유 1/2큰술
소스 육수 1/2컵, 청주 1/2작은술, 소금 약간
물녹말 녹말 1작은술, 물 2작은술

만드는 방법

1 재료 손질하기 — 참치는 기름기를 뺀 뒤 살만 대충 부수고, 콩나물은 뿌리를 다듬고 물에 씻은 다음 물기를 빼요. 파래는 물에 5분 정도 담가 불린 다음 물기를 빼요.

2 달걀 풀기 — 볼에 달걀을 푼 다음 소금과 후추를 넣고 섞어요.

3 재료 볶기 — 식용유 1/2큰술을 두른 프라이팬에 참치와 콩나물을 넣고 약간 센 불에서 볶아요. 어느 정도 볶아졌으면 2에 넣어 섞어요.

4 달걀 부치기 — 지름 18cm의 프라이팬에 식용유 1큰술을 두르고 중불에서 가열한 뒤 달걀물을 한꺼번에 부어요. 젓가락으로 휘저으면서 익히다가 반숙 상태가 되면 약불로 줄이고 뚜껑을 덮어 2~3분 정도 익혀요. 뒤집어서 2~3분 더 익힌 뒤 그릇에 담아요.

5 소스 만들기 — 냄비에 소스 재료를 넣고 중불에서 가열해요. 끓기 시작하면 파래를 넣고 물녹말 재료를 조금씩 부어요. 농도가 걸쭉해지면 4에 끼얹어요.

● Point
파래소스는 간장 대신 소금을 사용해 당질량을 낮추세요. 소금을 더하면 파래의 맛과 향도 더욱 진해져요.

추천 식단 총 당질 **35.6g**

시금치두부무침 (p.155) 당질 3.9g + 바지락된장국 (p.164) 당질 2.1g + 밥 70g 당질 25.8g

1 물에 불린 후의 정미량. 불리기 전에는 2g.

• 대두 제품

두부, 아츠아게, 유부 등은 모두 당질 제한식에 적합한 식재료예요. 남녀노소 누구나 좋아하고 맛도 담백해서 어떤 요리에도 잘 어울린답니다.

당질 2.5g

두부여주볶음

오키나와의 향토 음식인 여주볶음(고야참푸르)은 대표적인 저당질 메뉴예요.
두부와 돼지고기로 양질의 단백질을, 여주로 비타민C를 섭취할 수 있어요.

재료(1인분)
두부 1/2모(150g), 얇게 썬 삼겹살 50g, 여주 1/2개(100g), 참기름 2작은술, 소금, 굵은 후추 각각 적당량, 청주 1/2큰술

만드는 방법

1 두부 삶기
끓는 물에 두부를 대충 잘라 넣고 살짝 데친 뒤 체에 밭쳐 물기를 빼요.

2 나머지 재료 손질하기
돼지고기는 사방 2~3cm 크기로 썰고, 여주는 세로로 반 잘라 꼭지를 잘라내고 숟가락으로 씨를 제거한 뒤 4~5mm 두께로 썰어요.

3 두부 굽기
참기름 1작은술을 두른 프라이팬에 두부를 넣고 약간 센 불에서 익혀요. 두부가 노릇노릇해지면 소금과 굵은 후추를 약간씩 뿌린 뒤 따로 덜어놓아요.

4 나머지 재료를 볶아 두부와 섞기
3의 프라이팬에 참기름 1작은술을 두르고 돼지고기를 볶아요. 고기 색이 변하면 여주를 넣고 같이 볶아요. 어느 정도 볶아졌으면 구운 두부와 청주, 소금 1/4작은술, 굵은 후추 약간을 넣고 살짝 볶은 뒤 그릇에 옮겨 담아요.

● Point
두부 1/2모를 고소하고 노릇하게 굽는 것이 포인트! 두부는 당질 제한 요리에 최적인 식재료예요.

추천 식단 — 총 당질 31.8g

콩나물샐러드 (p.153) 당질 0.7g + 명란죽순구이 (p.159) 당질 2.8g + 밥 70g 당질 25.8g

당질
3.0g

두부햄치즈샌드위치

두부의 깜짝 대변신! 당질이 낮은 로스햄과 치즈를 넣고 달걀물을 입혀
전 부치듯 부치면 고소하고 부드러운 두부샌드위치가 완성됩니다.

🍱 **재료(1인분)**   두부 1/2모(150g), 로스햄 2장(40g), 슬라이스 치즈 2장(36g), 달걀 1개, 파슬리가루 1큰술, 소금, 후추 각각 약간, 올리브유 1/2큰술

🍲 **만드는 방법**

1. **재료 손질하기**   두부는 무거운 접시를 올려 20분간 물기를 빼요. 식빵처럼 4장으로 슬라이스한 뒤 앞뒷면에 소금과 후추를 뿌려요. 햄, 치즈는 각각 반으로 잘라요.

2. **샌드위치 만들기**   키친타월로 두부의 물기를 제거한 뒤 두부 위에 햄, 치즈, 파슬리를 순서대로 올리고 두부를 덮어 샌드위치를 만들어요.

3. **달걀 풀기**   볼에 달걀을 깨뜨려 잘 풀어줘요.

4. **굽기**   프라이팬에 올리브유를 두르고 달걀물을 묻힌 두부샌드위치를 중약불에서 3~4분 정도 구워요. 뒤집어서 3~4분 더 구운 뒤 반으로 잘라 그릇에 담아요.

● **Point**
햄, 치즈, 파슬리가 들어간 담백한 맛의 두부샌드위치! 한 끼 식사로도 충분해요.

🍽 추천 식단   총 당질 35.9g

쑥갓베이컨샐러드 (p.152)   +   아스파라거스버터소테 (p.156)   +   바게트 50g
당질 2.2g   당질 3.3g   당질 27.4g

당질
6.6g

두부스테이크

베이컨과 버섯, 마늘의 풍미가 어우러져 더욱 감칠맛이 나는 두부스테이크예요.
크림소스에 들어가는 밀가루의 양을 줄여 당질을 낮췄어요.

재료(1인분)

두부 1/2모(150g), 베이컨 2장(30g), 브로콜리 20g, 양송이버섯 3개(40g), 마늘 1/2쪽, 소금, 후추 각각 적당량, 식용유 적당량, 밀가루 1/2작은술, 우유 1/3컵

만드는 방법

1 두부 손질하기
두부는 무거운 접시를 올려 20분간 물기를 뺀 뒤 2장으로 슬라이스해요. 키친타월로 물기를 제거하고 앞뒷면에 소금과 후추를 뿌려요.

2 나머지 재료 손질하기
베이컨은 사방 1cm로 썰고, 브로콜리는 세로로 반 잘라요. 양송이버섯은 세로로 4등분하고, 마늘은 얇게 편 썰어요.

3 마늘 볶기
프라이팬에 식용유 2/3큰술을 두르고 약불에서 마늘을 가볍게 볶은 뒤 꺼내요.

4 두부, 브로콜리 굽기
중불로 키우고 3의 프라이팬에서 두부와 브로콜리를 3~4분 정도 굽고, 뒤집어서 2~3분 더 구운 뒤 그릇에 담아요.

5 소스 만들기
프라이팬에 식용유 1작은술을 두르고 베이컨, 양송이버섯을 중약불에서 볶아요. 밀가루, 우유, 약간의 소금과 후추를 넣어요. 이따금 저어가면서 걸쭉해질 때까지 끓인 다음 4의 두부 위에 붓고 구운 마늘을 올려요.

● Point
보통은 두부에 밀가루를 묻혀 굽지만, 저탄수화물 다이어트에서는 밀가루를 자제해요. 밀가루가 없어도 마늘 향이 밴 기름에 바삭하게 구워내면 더 고소해요.

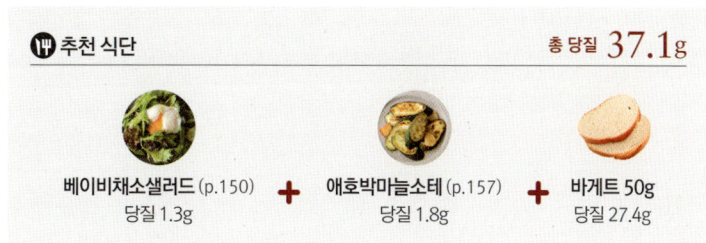

당질
5.5g

두부완자튀김

당질 제한 다이어트에서는 다이어트 중이라도 기름에 튀긴 음식을 먹을 수 있어요.
두부완자튀김은 다양한 재료를 넣어 영양도 훌륭하고 포만감도 오래 지속됩니다.

재료(1인분) 두부 1/2모(150g), 새우살 50g, 건목이버섯 10g[1], 당근 10g, 껍질 벗긴 은행 2개, 식용유 적당량
반죽 달걀흰자 1/2개 분량, 청주 1작은술, 소금 1/5작은술, 간장 약간

만드는 방법

1 두부 삶아서 갈기   끓는 물에 두부를 대충 잘라 넣고 살짝 데친 뒤 체에 밭쳐 물기를 빼요. 절구에 넣어 으깨거나 믹서에 갈아요.

2 나머지 재료 손질하기   새우는 등 쪽의 내장을 제거하고 물에 씻은 다음 키친타월로 물기를 닦고 2cm 두께로 썰어요. 목이버섯은 30분 정도 물에 담가 불린 뒤 밑동을 제거하고 채 썰고, 당근은 채칼 등으로 얇게 채 썰어요.

3 둥글게 빚기   볼에 두부와 반죽 재료를 넣고 고루 섞어요. 2의 재료들과 은행을 넣고 충분히 치댄 뒤 3등분해서 동그랗게 빚어요.

4 튀기기   170~180℃ 튀김 기름에 완자를 넣어 중불에서 2~3분 정도 튀긴 다음 뒤집어서 2~3분 더 튀겨요. 기름기를 빼고 그릇에 옮겨 담아요.

● **Point**
당근은 건강한 단맛과 아삭한 식감, 예쁜 색감을 내는 데 필수 재료예요. 하지만 당질이 높은 편이니 얇게 채 썰어 조금만 사용해요.

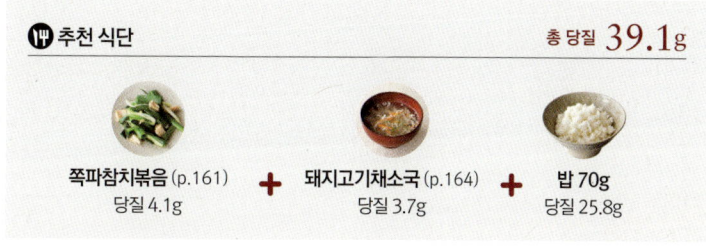

[1] 물에 불린 후의 정미량. 불리기 전에는 2.5g

당질
4.0g

아츠아게구이

만들기도 쉽고 토핑으로 올린 가쓰오부시가 식욕을 자극해요.
구운 아츠아게의 바삭하고 고소한 맛을 즐겨보세요.

재료(1인분) 아츠아게(튀긴 두부) 1/2모(120g), 쪽파 1뿌리(20g), 가쓰오부시(가다랑어포)가루 4g, 간 생강 약간, 참기름 1작은술, 간장 1/2큰술

만드는 방법

1. **재료 손질하기** — 아츠아게는 6등분하고, 쪽파는 얇게 송송 썰어요.

2. **굽기** — 참기름을 두른 프라이팬에 아츠아게를 넣고 중불에서 전체적으로 노릇노릇하게 돌려가며 4~5분 정도 구워요.

3. **완성** — 그릇에 구운 아츠아게를 담고 쪽파와 가쓰오부시, 생강을 올린 뒤 간장을 뿌려요.

● Point
아츠아게를 참기름으로 바삭하고 고소하게 굽는 것이 중요해요. 감칠맛이 더욱 좋아지고 간장의 양도 줄일 수 있거든요.

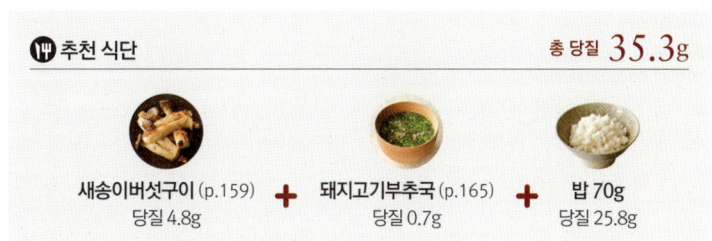

추천 식단 — 총 당질 35.3g

새송이버섯구이 (p.159) 당질 4.8g + 돼지고기부추국 (p.165) 당질 0.7g + 밥 70g 당질 25.8g

당질
3.5g

아츠아게표고버섯조림

아츠아게의 감칠맛이 표고버섯에 쏙쏙 배어 더욱 환상적인 맛!
육수를 사용해서 당질의 양을 낮춰요.

재료(1인분) 아츠아게(튀긴 두부) 1/2모(120g), 생표고버섯 6개(120g), 육수 1컵
양념 청주 1/2큰술, 라칸토S(p.11) 1작은술, 간장 2/3큰술

만드는 방법

1 재료 손질하기   아츠아게는 한입 크기로 썰고, 표고버섯은 밑동을 제거하고 반으로 잘라요.

2 조리기   프라이팬에 아츠아게와 표고버섯을 넣고 육수를 부어 중불에서 끓여요. 끓어오르기 전에 양념 재료를 넣고 잘 저어요. 끓기 시작하면 약불로 줄이고 이따금 저으면서 뚜껑을 닫고 10분 정도 조린 뒤 그릇에 담아요.

● Point
당질 제한을 위해 간장 사용량을 꼭 지켜주세요. 뚜껑을 덮고 천천히 조리면 재료 속까지 간이 잘 뱁니다.

당질
2.9g

닭고기유부구이

유부 속에 다진 닭고기와 팽이버섯 등을 채워 바삭하게 구워보세요.
먹는 즐거움이 가득한 요리랍니다.

재료(1인분) 유부 1장(32g), 다진 닭고기 80g, 팽이버섯 1/3봉(30g)
소 양념 다진 파 1큰술, 생강즙 약간, 청주 1작은술, 간장 1/2작은술, 소금 1/5 작은술

만드는 방법

1 재료 손질하기 유부는 반으로 잘라 주머니 모양으로 벌려놓고, 팽이버섯은 밑동을 잘라내고 2cm 길이로 썰어요.

2 소 만들기 볼에 소 양념 재료를 넣고 고루 섞은 뒤 다진 닭고기와 팽이버섯을 넣고 다시 잘 섞어요.

3 소 채우기 유부에 소를 채워 넣고 가볍게 눌러 평평하게 만들어요.

4 굽기 프라이팬에 3을 올리고 뚜껑을 덮은 채로 약불에서 3~4분 정도 구워요. 뒤집어서 3~4분 더 구운 뒤 어슷하게 반을 잘라 그릇에 담아요.

● Point
팽이버섯이 들어간 닭고기 소를 유부에 꼭꼭 채워주세요. 당질은 낮추고 양질의 단백질은 듬뿍 섭취할 수 있어요.

당질
1.5g

치즈안초비유바튀김

바삭하게 튀긴 유바를 한입 물면 쫄깃한 치즈와 안초비가 가득해요.
다이어트 메뉴라고 믿기지 않을 정도로 독특하고 맛있는 요리예요.

재료(1인분) 생유바 20g, 피자 치즈 50g, 안초비(필레) 2조각, 이탈리안 파슬리 적당량, 달걀흰자 약간, 튀김 기름 적당량

만드는 방법

1 재료 손질하기 유바는 사방 12cm 크기로 잘라 4장을 만들고, 안초비는 길이를 반으로 잘라요.

2 유바 말기 유바 중앙에 피자 치즈와 안초비를 올리고 이탈리안 파슬리 잎을 뜯어 올려요. 유바의 각 모서리에 달걀흰자를 발라요. 가까운 쪽의 유바 끝을 반대쪽으로 접어 올리고 좌우의 모서리를 안쪽으로 접은 다음 굴려서 직사각형 모양을 만들어요.

3 튀기기 170~180℃ 튀김 기름에 유바말이 끝부분이 아래를 향하도록 넣고 중불에서 1분 정도 튀겨요. 뒤집어서 1분 정도 더 튀긴 다음 꺼내 기름기를 빼고 그릇에 담아요.

● Point
담백한 유바 속에 당질은 낮으면서 진한 맛을 내는 치즈를 넣어 식감이 아주 좋아요.

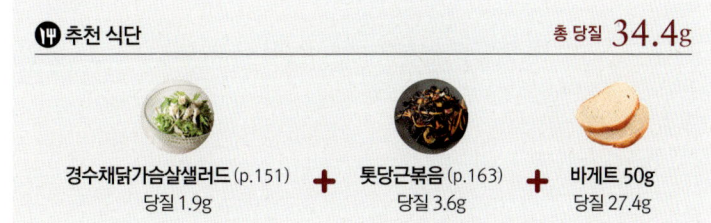

추천 식단   총 당질 34.4g

경수채닭가슴살샐러드 (p.151) + 톳당근볶음 (p.163) + 바게트 50g
당질 1.9g   당질 3.6g   당질 27.4g

유제품 100g 중 당질량

우유
4.8g

생크림(유지방)
3.1g

요거트(무가당)
4.9g

크림치즈
2.3g

유제품은 칼로리가 높아 다이어트 식품으로 적합하지 않다고 생각하기 쉽지만, 모두 저당질 식품이므로 안심하고 먹어도 됩니다. 요리에 깊은 맛을 더해주고 포만감이 오래 지속되게 하는 효과도 있어요.

카망베르치즈
0.9g

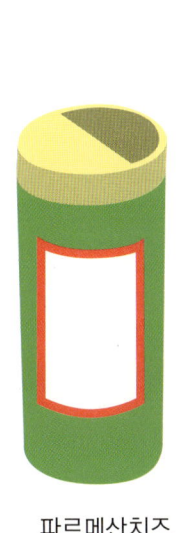

파르메산치즈
1.9g

프로세스치즈
(두 가지 이상의 천연 치즈를
녹여서 향신료 등을 넣고
다시 제조한 가공 치즈)
1.3g

기타 유제품 100g 중 당질량

에담치즈…1.4g
에멘탈치즈…1.6g
코티지치즈…1.9g
고다치즈…1.4g
블루치즈…1.0g

PART - 2

메인 요리와 잘 어울리는 서브 요리를 소개합니다.
서브 요리에서 주의할 점은 바로 채소의 종류.
단호박이나 감자, 고구마 등은 당질이 높아서 피하는 것이 좋습니다.
당질 5g 이하인 채소와 해조류로
서브 요리를 한두 가지 만들어 곁들여보세요.

SUB MENU

●

채소, 버섯, 해조류로
영양과 포만감을 살린
저탄수화물 레시피

DIET-RECIPE

●

채소, 버섯, 해조류

채소는 비타민, 미네랄, 식이섬유가 풍부하고 저칼로리 식품이라는 이미지가 있지만
저탄수화물 다이어트에서는 주의가 필요한 식재료예요.
잎채소나 **푸른 채소**는 당질이 낮지만, 그렇지 않은 채소도 있거든요.

단맛이 나는 채소가 그렇습니다. 잎채소에 비해 당질량이 높은 편이므로
섭취량에 주의하거나 먹지 않는 것이 좋습니다.

버섯과 **해조류**에 함유된 식이섬유에는 정장 작용을 돕는 효과가 있어
다이어트에 도움이 됩니다. 버섯과 해조류를 이용한 메뉴도 식탁에 자주 올려보세요.

채소 100g 중 당질량

단맛이 나서 주의가 필요한 채소
100g 중 당질량

토마토 3.7g

양배추 3.4g

우엉 9.7g

당근 6.5g

양파 7.2g

장마 12.9g

연근 13.5g

고당질이라 NG!

단호박 17.1g

감자 16.3g

고구마 29.7g

참마 24.6g

버섯·해조류 100g 중 당질량

만가닥버섯
1.3g

잎새버섯
0.9g

새송이버섯
2.6g

생표고버섯
1.5g

생미역
2.0g

기타 버섯·해조류 100g 중 당질량

팽이버섯…3.7g
나메코버섯(담자균류의 식용 버섯)…1.9g
양송이버섯…0.1g
톳(건조)…6.6g
큰실말(염장, 소금기를 뺀 것)…0g
구운 김…8.3g

• 샐러드

가볍게 먹기 좋은 저당질 채소 요리인 샐러드. 올리브유를 이용한 수제 샐러드드레싱으로 맛과 영양을 살려보세요. 포만감을 주고 베타카로틴의 흡수를 돕는 효과도 있습니다.

당질 **1.5g**

당질 **1.3g**

유부시저샐러드

식빵으로 만든 크루통 대신 유부를 사용해 시저샐러드를 만들어보세요. 양식과 일식 메뉴에 모두 잘 어울립니다.

재료(1인분)
로메인 상추 3~4장(60g), 유부 1장(32g), 파르메산치즈(갈은 것) 1큰술, 프렌치드레싱[1] 2큰술, 굵은 후추 약간

만드는 방법

1 재료 손질하기
로메인 상추는 5~6cm 길이로 썰어요.

2 유부 굽기
프라이팬에 유부를 넣고 약불에서 1~2분 정도 구운 뒤 뒤집어서 1~2분 더 구워요. 세로로 반 자르고 2cm 두께로 썰어요.

3 완성
그릇에 로메인 상추, 구운 유부, 파르메산치즈 순으로 담은 뒤 드레싱과 굵은 후추를 뿌려요.

베이비채소샐러드

당질이 낮은 달걀은 맛과 영양이 좋은 유용한 식재료예요. 반숙 달걀을 깨뜨려서 채소와 잘 섞어 드세요.

재료(1인분)
베이비채소 50g, 달걀 1개, 소금 1작은술, 프렌치드레싱[1] 2큰술

만드는 방법

1 재료 손질하기
베이비채소는 물에 깨끗이 씻은 뒤 찬물에 담갔다가 물기를 제거하고 그릇에 담아요.

2 달걀 삶기
냄비에 달걀을 넣고 잠길 만큼 물을 부은 뒤 소금을 넣고 센 불로 가열해요. 물이 끓으면 살살 굴려가면서 6분 정도 삶은 다음 찬물에서 식혀요.

3 완성
베이비채소에 반숙 달걀을 올리고 드레싱을 뿌려요. 달걀과 베이비채소를 섞어서 먹어요.

---

[1] **프렌치드레싱**은 한꺼번에 많이 만들어 저장해두면 편리합니다. 깨끗한 병에 올리브유 2/3컵, 곡물 식초 1/3컵, 소금 1작은술, 후추 약간을 넣어 서늘하고 어두운 곳에 보관합니다. 사용하기 전에 흔들어 섞어주면 됩니다. 보존 기간은 실온에서 약 1주일 정도입니다.

당질 **4.2g**

콩비지샐러드

매시 포테이토처럼 식감이 부드럽고 맛있어요. 감자가 먹고 싶을 때 추천하는 저당질의 샐러드랍니다.

재료(1인분)
생콩비지 70g, 오이 1/2개(50g), 토마토 30g, 다진 파슬리 2큰술, 프렌치드레싱(p.150) 3큰술, 소금, 후추 각각 약간

만드는 방법

1 콩비지 가열하기
내열 용기에 콩비지를 담고 느슨하게 랩을 씌운 뒤 전자레인지에서 1분 정도 가열해요. 뜨거울 때 드레싱 2큰술을 넣고 골고루 섞어요.

2 재료 손질하기
오이는 사방 8mm 크기로 썰어 볼에 담고 소금 1/4작은술(분량 외)을 넣어 10분간 절여요. 시간이 되면 물에 씻고 물기를 빼요. 토마토는 씨를 제거하고 사방 1cm 크기로 썰어요.

3 양념하기
콩비지에 오이와 토마토를 넣고 드레싱 1큰술을 첨가해요. 소금, 후추, 파슬리를 뿌려 고루 섞은 다음 그릇에 담아요.

당질 **1.9g**

경수채닭가슴살샐러드

어패류나 달걀, 두부 요리에 곁들이면 훌륭한 단백질 식단이 완성됩니다. 산뜻한 맛과 아삭한 식감이 매력적인 샐러드예요.

재료(1인분)
경수채 1/3단(50g), 삶은 닭가슴살 1/2덩어리(50g), 청주 1작은술, 프렌치드레싱(p.150) 2큰술

만드는 방법

1 닭가슴살 가열하기
닭가슴살의 힘줄을 제거하고 반으로 잘라요. 내열 접시에 올리고 청주를 뿌린 다음 랩을 씌워 전자레인지에서 1분 정도 가열해요. 랩을 씌운 채로 식힌 뒤 먹기 좋은 크기로 찢어요.

2 나머지 재료 손질하기
경수채는 줄기 끝을 잘라내고 3~4cm 길이로 썰어요. 찬물에 담갔다가 물기를 빼요.

3 완성
그릇에 1, 2를 보기 좋게 담고 드레싱을 뿌려요.

당질 2.2g

당질 4.9g

쑥갓베이컨샐러드

푸른잎 채소는 당질 함량이 적으므로 요리에 다양하게 활용해보세요. 샐러드 포인트인 양파는 조금만 넣으세요.

재료(1인분)
쑥갓 40g, 베이컨 2장(30g), 양파 20g, 식용유 약간
양념 곡물 식초 1/2큰술, 소금, 후추 각각 약간

만드는 방법

1 재료 손질하기
베이컨은 5cm 길이로 썰고, 쑥갓은 부드러운 잎만 따고, 양파는 세로로 반 자른 뒤 얇게 채 썰어요. 쑥갓과 양파는 찬물에 담갔다가 물기를 빼고 그릇에 담아요.

2 베이컨 굽기
식용유를 두른 프라이팬에 베이컨을 넣고 약불에서 바삭바삭해질 때까지 구워요.

3 완성
2에 양념 재료를 넣고 잘 섞은 뒤 쑥갓과 양파를 담은 그릇에 올려요.

튀긴가지샐러드

식감도 부드럽고 색도 예쁜 가지샐러드예요. 당질을 낮추려면 간장은 조금만 사용해야 한다는 거 잊지 마세요.

재료(1인분)
가지 2개(140g), 양하 1개, 깻잎 2장, 튀김 기름 적당량
양념 곡물 식초, 간장 각각 1작은술, 후추 약간

만드는 방법

1 가지 손질하기
가지는 꼭지를 떼어내고 세로로 4등분해요. 180~200℃ 튀김 기름에 가지를 넣고 뒤집어가면서 2분 정도 튀겨요. 숨이 죽으면 꺼내서 볼에 담고 양념 재료와 잘 버무려요.

2 나머지 재료 손질하기
양하는 세로로 반 자른 뒤 가로로 채 썰고, 깻잎은 줄기를 잘라내고 세로로 3등분한 뒤 채 썰어요.

3 완성
1에 양하와 깻잎을 넣고 잘 섞은 뒤 그릇에 담아요.

당질 **0.7g**

당질 **2.0g**

콩나물샐러드

콩나물의 당질은 0g! 푸짐하게 먹어도 다이어트가 된답니다. 남플라를 넣은 이국적인 콩나물샐러드를 경험해보세요.

재료(1인분)
콩나물 1/2봉(100g), 향채(고수) 약간, 홍고추 1/2개
드레싱 남플라(태국의 발효 생선 소스) 2/3큰술, 참기름, 레몬즙 각각 1작은술, 라칸토S 1/2작은술

만드는 방법
1 재료 손질하기
콩나물은 뿌리를 다듬어 물에 씻은 다음 체에 밭쳐 물기를 빼요. 향채는 먹기 좋게 썰고, 홍고추는 씨를 제거한 뒤 채 썰어요.

2 콩나물 데치기
끓는 물에 소금과 식초를 약간씩(분량 외) 넣고 콩나물을 2분 정도 데쳐요. 체에 밭쳐 물기를 빼고 충분히 식혀요.

3 양념하기
볼에 드레싱 재료를 넣고 잘 섞어요. 향채와 홍고추, 데친 콩나물을 넣고 골고루 섞은 뒤 그릇에 담아요.

숙주샐러드

저당질 채소의 대표인 숙주를 이용한 샐러드. 고춧가루의 캡사이신 성분은 지방 연소 작용이 있습니다.

재료(1인분)
숙주 1/2봉(100g), 다진 파 1큰술, 참기름 1큰술
양념 곡물 식초 1/2큰술, 라칸토S(p.11) 1작은술, 참깨, 소금, 고춧가루 각각 약간

만드는 방법
1 재료 손질하기
숙주는 뿌리를 다듬어 체에 넣고 물에 씻은 다음 물기를 빼요.

2 데치기
끓는 물에 소금과 식초를 약간씩(분량 외) 넣은 뒤 숙주를 1분 정도 데쳐요. 체에 밭쳐 물기를 뺀 다음 펼쳐서 식혀요.

3 양념하기
볼에 데친 숙주와 참기름을 넣고 고루 섞은 뒤 다진 파와 양념 재료를 넣고 살짝 무쳐 그릇에 담아요.

• 무침

채소, 버섯류와 무치는 색다른 양념이 별미!
당질 제한 레시피만의 특별한 재료 조합과 양념 배합의 비법을 공개합니다.

당질 **3.0g**

당질 **2.5g**

경수채무침

데치면 양이 줄어드니 넉넉하게 100g 정도 준비해주세요.
고소한 참깨와 간장으로 무쳐 맛이 담백하고 산뜻해요.

재료(1인분)
경수채 100g
양념 곱게 간 깨 1/2큰술, 육수(또는 물) 1큰술, 간장 1/2작은술, 소금 약간

만드는 방법
1 재료 손질하기
경수채는 줄기 끝을 잘라내고 3~4cm 길이로 썰어요. 채반에 펼쳐놓고 끓는 물을 부어 익힌 다음 그대로 식혀서 물기를 꼭 짜둬요.

2 무치기
볼에 양념 재료를 전부 넣고 섞은 뒤, 1과 함께 무쳐 그릇에 담아요.

만가닥버섯무침

유즈코쇼와 마요네즈의 만남으로 탄생한 맛의 신세계!
당질은 낮고 식이섬유는 풍부한 다이어트 반찬입니다.

재료(1인분)
만가닥버섯 1팩(100g), 물 2컵, 청주 1큰술, 소금 약간
양념 마요네즈 1큰술, 유즈코쇼 약간

만드는 방법
1 재료 손질하기
만가닥버섯은 밑동을 제거하고 1~2개씩 떼어놓아요. 냄비에 물 2컵을 붓고 끓인 뒤 청주 1큰술과 약간의 소금을 넣고 만가닥버섯을 3~4분간 데쳐요. 숨이 죽으면 체에 밭쳐 식힌 다음 물기를 꼭 짜요.

2 무치기
1을 볼에 담고 양념 재료를 넣은 뒤 잘 무쳐서 그릇에 담아요.

당질 3.1g

당질 3.9g

부추낫토무침

당질을 낮추면서 양질의 단백질과 비타민, 미네랄을 동시에 섭취할 수 있는 간편하고 유용한 반찬이에요.

재료(1인분)
부추 1/2단(50g), 낫토 1팩(40g)
양념 간장 1/2작은술, 소금, 후추, 참기름 각각 약간

만드는 방법

1 재료 손질하기
끓는 물에 약간의 소금(분량 외)을 넣고 부추를 살짝 데쳐요. 찬물에 담가 식힌 뒤 물기를 꼭 짜고 2cm 길이로 썰어요.

2 무치기
볼에 낫토를 넣고 점성이 생길 때까지 잘 휘저은 다음 양념 재료와 부추를 넣고 버무린 뒤 그릇에 담아요.

시금치두부무침

마요네즈를 넣어 더욱 고소한 시금치무침. 두부를 넣어 푸짐하고 속도 든든해요.

재료(1인분)
시금치 1/2단(100g), 두부 1/3모(100g), 소금 약간
양념 미소된장 1작은술, 마요네즈 1큰술, 후추 약간

만드는 방법

1 재료 손질하기
끓는 물에 두부를 대충 잘라 넣고 살짝 데친 뒤 체에 밭쳐 물기를 빼요. 볼에 넣고 부드러워질 때까지 숟가락으로 으깨거나 믹서에 갈아요.

2 무침 양념 만들기
으깬 두부에 양념 재료를 넣고 고루 섞어요.

3 시금치 손질하기
끓는 물에 약간의 소금을 넣고 시금치를 30초 정도 데쳐요. 찬물에 담가 식힌 뒤 물기를 꼭 짜고 3cm 길이로 썰어요.

4 무치기
2에 시금치를 넣어 무친 다음 그릇에 담아요.

• 소테

프라이팬 하나로 굽기만 하면 완성되는 맛있는 요리법이에요.
다양한 재료를 사용해 나만의 요리 레시피를 늘려보세요.

당질 **4.7g**

가지소테

가쓰오부시의 풍미를 가미한 가지 요리예요. 간장 사용량을 줄여 짜지 않게 하면 밥의 양을 줄일 수 있어요.

재료(1인분)
가지 2개(140g), 식용유 1큰술, 간장 1작은술, 가쓰오부시가루 1/2봉(2g)

만드는 방법
1 재료 손질하기
가지는 꼭지를 잘라내고 필러로 군데군데 껍질을 벗겨요. 세로로 반을 자른 뒤 길이도 반으로 잘라요.

2 굽기
식용유를 두른 팬에 가지 껍질이 팬에 닿도록 하여 중불에서 2~3분 정도 굽고, 뒤집어서 2~3분 더 구워요.

3 양념하기
가지의 숨이 죽으면 간장을 넣어 섞은 뒤 가쓰오부시가루를 뿌리고 그릇에 담아요.

당질 **3.3g**

아스파라거스버터소테

아스파라거스 자체의 맛을 최대한 살리도록 소금 간은 살짝 하고 레몬즙을 뿌려요. 버터와 올리브유를 같이 넣으면 더욱 깊은 맛이 납니다.

재료(1인분)
아스파라거스 4개(120g), 올리브유 1큰술, 버터 1/2큰술, 소금, 후추 각각 약간, 레몬 1조각(반달썰기)

만드는 방법
1 재료 손질하기
아스파라거스는 밑동에서 7cm 정도까지 필러로 껍질을 벗긴 뒤 길이를 반으로 잘라요.

2 굽기
올리브유를 두른 프라이팬에 아스파라거스를 넣고 중불에서 구워요. (프라이팬보다 약간 작은) 뚜껑을 덮고 1~2분 정도 익힌 뒤 뒤집어서 1~2분 더 익혀요.

3 양념하기
2에 버터를 넣고 섞은 뒤 소금과 후추를 뿌리고 그릇에 담아요. 먹기 전에 레몬즙을 뿌려요.

당질 **1.8g**

당질 **2.3g**

애호박마늘소테

양식 메뉴의 서브 요리로도 잘 어울려요. 올리브유와 마늘의 풍미가 더해져 맛이 고급스러워요.

🍳 재료(1인분)
애호박 1/2개(80g), 마늘 1/2쪽, 올리브유 1큰술, 소금, 후추 각각 약간

🍲 만드는 방법
1 재료 손질하기
애호박은 1cm 두께로 어슷하게 썰고, 마늘은 세로로 편 썰어요.

2 마늘 굽기
프라이팬에 올리브유와 마늘을 넣고 약불에서 앞뒤로 굽다가 노릇해지면 꺼내요.

3 애호박을 구워 마늘과 섞기
2의 프라이팬에 애호박을 넣고 중불에서 2분 정도 구워요. 뒤집어서 1~2분 더 굽고 소금과 후추를 뿌려요. 구운 마늘을 넣고 살짝 볶아 그릇에 담아요.

콜리플라워유카리소테

생크림이나 치즈가 들어가 자칫 느끼할 수 있는 메인 요리에 아주 잘 어울려요. 유카리의 산뜻하고 새콤한 맛이 입안 가득 퍼져요.

🍳 재료(1인분)
콜리플라워 100g, 식용유 1큰술, 유카리(붉은 깻잎을 말려서 갈아 만든 가루) 약간

🍲 만드는 방법
1 재료 손질하기
콜리플라워는 송이를 작게 나눈 다음 세로로 7~8mm 두께로 썰어요.

2 굽기
식용유를 두른 팬에 콜리플라워를 넣고 중불에서 2분 정도 구워요. 뒤집어서 1~2분 더 구운 뒤 유카리를 뿌리고 잘 섞어 그릇에 담아요.

• 오븐 구이

내열 용기나 오븐 팬에 담아 굽기만 하면 끝!
동시에 다른 음식을 만들 수 있어서 시간을 절약할 수 있답니다.

당질 2.3g

오크라구이

마요네즈의 유분을 이용해 고소하게 구워주세요. 오크라의 끈적끈적한 성분은 건강에 매우 좋습니다.

재료(1인분)
오크라 8개(80g)
양념 마요네즈 2큰술, 소금, 후추 각각 약간

만드는 방법
1 재료 손질하기
오크라는 꼭지를 떼어내고 얇게 송송 썰어요. 볼에 오크라와 양념 재료를 넣고 잘 섞어요.

2 굽기
내열 용기에 오크라를 담고 오븐에서 노릇한 색이 날 때까지 10분 정도 구워요.

당질 1.3g

표고버섯치즈구이

서브 요리는 물론이고, 안주로도 최고예요. 당질 제한식에서는 치즈를 다양하게 사용해보세요.

재료(1인분)
생표고버섯 3개(60g), 피자 치즈 30g

만드는 방법
1 재료 손질하기
표고버섯의 기둥을 떼어내 딱딱한 부분을 제거하고 얇게 송송 썰어요.

2 굽기
알루미늄 호일을 깐 오븐 팬에 표고버섯 갓 안쪽이 위를 향하도록 놓고 1과 피자 치즈를 나누어 올려요. 오븐에서 노릇한 색이 날 때까지 10분 정도 구운 뒤 그릇에 담아요.

당질 2.8g

명란죽순구이

입안에서 톡톡 터지는 명란과 아삭한 죽순, 거기에 고소한 마요네즈가 절묘한 맛을 내는 요리예요.

재료(1인분)
데친 죽순 100g, 명란 1큰술, 마요네즈 1큰술

만드는 방법
1 재료 손질하기
죽순은 세로로 반 자른 뒤 1cm 두께로 썰어요.

2 양념하기
볼에 죽순과 명란, 마요네즈를 넣고 고루 섞어요.

3 굽기
내열 용기에 2를 담고 오븐에서 노릇한 색이 날 때까지 12분 정도 구워요.

당질 4.8g

새송이버섯구이

미소된장과 시치미로 양념한 새송이버섯구이예요. 당질을 초과하지 않도록 된장의 양을 정확하게 계량하고, 시치미로 맛에 포인트를 주세요.

재료(1인분)
새송이버섯 2개(120g)
양념 된장, 청주 각각 1/2큰술, 시치미 약간

만드는 방법
1 재료 손질하기
새송이버섯은 밑동을 제거하고 세로로 4등분해요. 볼에 양념 재료를 넣고 잘 섞은 뒤 새송이버섯을 넣고 버무려요.

2 굽기
알루미늄 호일을 깐 오븐 팬에 새송이버섯을 올려요. 오븐에서 살짝 노릇한 색이 날 때까지 12분 정도 구워 그릇에 담아요.

볶음

프라이팬 하나로 쉽고 빠르게 만들 수 있는 초간단 요리예요.
채소의 종류와 양념 방법에 주의하면서 다양한 볶음 요리를 즐겨보세요.

당질 1.5g

당질 1.1g

물냉이방울토마토볶음

단맛이 나는 방울토마토를 넣어도 물냉이의 당질이 0g이라서 괜찮아요. 샐러드 대용으로 먹어도 좋아요.

재료(1인분)
물냉이 80g, 방울토마토 2개, 올리브유 2/3큰술, 소금, 후추 각각 약간

만드는 방법

1 재료 손질하기
물냉이는 길이를 반으로 자르고, 방울토마토는 꼭지를 떼고 3등분해요.

2 볶기
올리브유를 두른 프라이팬에 물냉이를 넣고 중불에서 볶아요. 어느 정도 볶아졌으면 방울토마토를 넣고 살짝 볶아요.

3 양념하기
2에 소금과 후추를 뿌리고 그릇에 담아요.

두묘멸치볶음

멸치의 고소하고 짭짤한 맛을 살린 볶음 요리예요. 두묘 대신 경수채나 소송채, 쑥갓을 사용해도 좋아요.

재료(1인분)
두묘 1봉(100g), 지리멸치 20g, 식용유 1큰술, 청주 1/2큰술

만드는 방법

1 재료 손질하기
두묘는 줄기 끝을 잘라내고 길이를 반으로 잘라요.

2 볶기
식용유를 두른 팬에 두묘를 넣고 중불에서 볶아요. 어느 정도 볶아졌으면 지리멸치를 넣고 볶아요.

3 양념하기
2에 청주를 뿌리고 살짝 볶은 다음 그릇에 담아요.

당질 **3.3g**

당질 **4.1g**

미역김치볶음

미역은 당질이 낮고 미네랄과 식이섬유가 풍부해요. 김치를 첨가해 맛있고 색다른 반찬을 만들어보세요.

재료(1인분)
미역(염장) 50g[1], 배추김치 30g, 대파 3cm, 참기름 1/2큰술, 간장, 참깨 각각 약간

만드는 방법
1 재료 손질하기
미역은 물에 씻은 뒤 충분한 양의 물에 담가 5분 정도 불려요. 불린 미역은 물기를 꼭 짜고 3cm 길이로 썰어요. 김치는 1cm 두께로 썰고, 대파는 세로로 반 자른 뒤 3~4mm 두께로 어슷썰기 해요.

2 볶기
참기름을 두른 프라이팬에 미역을 넣고 중불에서 볶아요. 어느 정도 볶아졌으면 김치를 더해 살짝 볶아요.

3 양념하기
2에 간장을 뿌려 볶은 뒤 참기름을 넣고 고루 섞어 그릇에 담아요.

쪽파참치볶음

참치의 단백질을 맛있게 섭취할 수 있는 요리예요. 소금과 후추만으로도 재료 본연의 맛을 살리면서 담백하게 먹을 수 있어요.

재료(1인분)
쪽파 4뿌리(80g), 참치 1/2캔(35g), 식용유 1/2큰술, 청주 1/2큰술, 소금, 후추, 참기름 각각 약간

만드는 방법
1 재료 손질하기
쪽파는 3~4cm 길이로 썰어 줄기와 잎 부분으로 나눠놓고, 참치는 기름기를 빼고 잘게 부셔요.

2 볶기
식용유를 두른 팬에 쪽파의 줄기 부분을 넣고 중불에서 볶아요. 어느 정도 볶아졌으면 참치와 잎 부분을 넣고 섞으면서 빠르게 볶아요.

3 양념하기
2에 청주를 넣고 소금과 후추를 뿌린 뒤 그릇에 담아요.

---

[1] 물에 불린 후의 정미량. 불리기 전에는 25g.

당질 2.4g

당질 2.0g

모로헤이야햄볶음

당질이 낮은 모로헤이야와 햄으로 간편하고 맛있는 볶음 요리 탄생! 비타민과 미네랄이 풍부해요.

재료(1인분)
모로헤이야(이집트가 원산지인 채소로, 베타카로틴과 식이 섬유가 풍부해 '왕가의 채소'라 불리기도 함) 1봉 (70g), 로스햄 1장(20g), 홍고추 1개, 식용유 2/3큰술, 청주 1/2큰술, 소금, 후추 각각 약간, 레몬 1조각(반달 썰기)

만드는 방법
1 재료 손질하기
모로헤이야는 잎 부분만 떼어놓고, 햄은 3등분한 뒤 3~4mm 두께로 썰고, 홍고추는 반으로 잘라 씨를 제거한 뒤 어슷썰기 해요.

2 볶기
식용유를 두른 팬에 모로헤이야, 햄, 홍고추를 넣고 중불에서 볶아요.

3 양념하기
어느 정도 볶아졌으면 청주, 소금, 후추를 넣고 볶아요. 그릇에 담고 먹기 전에 레몬즙을 짜요.

오이볶음

오이를 소금에 절이면 숨이 죽어 많이 먹을 수 있어요. 아삭아삭 씹는 재미도 있어 식사가 즐거워집니다.

재료(1인분)
오이 1개(100g), 소금 1/2작은술, 참기름 1작은술, 후추, 참깨 각각 약간

만드는 방법
1 재료 손질하기
오이를 얇게 썰어 볼에 담고 소금 1/2작은술을 넣고 버무린 뒤 15분 정도 절여요. 오이의 숨이 죽으면 물에 씻어 물기를 꼭 짜요.

2 볶기
참기름을 두른 팬에 오이를 넣고 중불에서 살짝 볶아요. 후추를 뿌린 뒤 그릇에 담고 깨를 뿌려요.

당질
3.6g

당질
1.5g

톳당근볶음

무기질과 식이섬유가 풍부한 톳은 빈혈 예방과 다이어트에 매우 좋아요. 한 번에 많이 만들어두면 반찬이 없을 때 아주 요긴해요.

재료(1인분)
톳(건조) 80g[1], 당근 20g, 마늘 1쪽, 홍고추 1개, 올리브유 1큰술, 소금, 후추 각각 약간

만드는 방법

1 재료 손질하기
톳은 물에 씻은 뒤 충분한 양의 물에 20분 정도 담가 불려요. 체에 밭쳐 물기를 뺀 다음 6~7cm로 썰어요.

2 나머지 재료 손질하기
당근은 얇게 채 썰고, 마늘은 가로로 얇게 편 썰어요. 홍고추는 씨를 제거한 뒤 5mm 두께로 썰어요.

3 볶기
프라이팬에 올리브유와 마늘을 넣고 약불에서 노릇하게 구운 뒤 그릇에 덜고, 톳, 당근, 홍고추를 넣어 볶아요.

4 양념하기
3에 소금과 후추, 덜어놓은 마늘을 넣고 볶은 다음 그릇에 담아요.

소송채볶음

잘게 다진 소송채의 아삭한 식감과 가쓰오부시의 감칠맛이 살아 있어요. 가쓰오부시를 사용해서 간장의 양을 줄였어요.

재료(1인분)
소송채 1/2단(100g), 가쓰오부시가루 1봉(4g), 식용유 1큰술, 청주 1/2큰술, 간장 1작은술

만드는 방법

1 재료 손질하기
소송채는 끝을 잘라내고 줄기 부분은 1cm, 잎 부분은 2~3cm 길이로 썰어요.

2 볶기
식용유를 두른 팬에 소송채를 넣고 중불에서 물기가 사라지도록 볶아요.

3 양념하기
2가 어느 정도 볶아졌으면 가쓰오부시를 넣고 살짝 볶아요. 청주와 간장을 넣고 볶은 뒤 그릇에 담아요.

---

[1] 물에 불린 후의 정미량. 불리기 전에는 15g.

국·수프

매끼 국이나 수프를 준비할 필요는 없지만, 뜨끈한 게 생각나는 날이 있지요. 그런 날 가볍게 먹기 좋은 국과 수프를 소개합니다. 조미료 사용량에 주의해주세요.

당질 3.7g

돼지고기채소국

눈과 입이 즐거운 맑은 국이에요. 당질이 초과되지 않게 우엉과 당근의 사용량을 정확히 지켜주세요.

재료(1인분)
얇게 썬 돼지고기 다리살 30g, 우엉, 당근 각각 20g, 육수 1과 1/3컵, 쪽파 약간
양념 청주 1/2큰술, 소금 1/4작은술

만드는 방법

1 재료 손질하기
쪽파, 당근은 얇게 채 썰어요. 우엉은 껍질을 벗기고 3~4cm 길이로 채 썬 다음 물에 살짝 씻고 물기를 제거해요.

2 끓이기
작은 냄비에 육수와 돼지고기를 넣고 중불에서 가열해요. 끓기 시작하면 약불로 줄이고 거품을 걷어낸 뒤 우엉과 당근을 넣어요.

3 간하기
2가 끓으면 양념 재료를 넣고 뚜껑을 덮어 약불에서 7~8분 정도 끓여요. 그릇에 담고 쪽파를 올려요.

당질 2.1g

바지락된장국

바지락에서 진한 감칠맛이 우러나오기 때문에 된장은 조금만 사용해도 돼요. 시원하고 구수한 바지락된장국을 즐겨보세요.

재료(1인분)
바지락 120g, 물 1컵, 소금 약간, 청주 1/2큰술, 된장 1/2큰술, 쪽파 잎 부분 약간

만드는 방법

1 재료 손질하기
볼에 충분한 물과 소금, 바지락을 넣고 30분 정도 해감해요. 바지락은 바락바락 문질러 흐르는 물에 깨끗하게 씻은 뒤 물기를 빼요. 대파는 송송 썰어요.

2 끓이기
작은 냄비에 분량의 바지락, 물, 청주를 넣고 중불로 가열해요. 끓기 시작하면 약불로 줄이고 거품을 걷어낸 뒤 뚜껑을 덮고 3~4분 정도 끓여요.

3 간하기
바지락의 입이 열리면 된장을 넣고 살짝 더 끓인 뒤 그릇에 담고 쪽파를 올려요.

당질 **0.7g**

당질 **2.7g**

돼지고기부추국

돼지고기와 향긋한 부추의 만남! 일식 메뉴는 물론 중식이나 양식에도 아주 잘 어울리는 국이에요.

재료(1인분)
다진 돼지고기 30g, 부추 20g, 식용유 1/2작은술, 청주 1/2큰술, 물 1과 1/3컵, 소금 1/4작은술, 후추 약간

만드는 방법
1 재료 손질하기
부추는 5mm 길이로 썰어요.

2 볶기
식용유를 두른 냄비에 다진 돼지고기를 넣어 중불에서 볶고, 고기 색이 변하면 청주를 넣고 물을 부어요.

3 끓이기
끓기 시작하면 약불로 줄이고 거품을 걷어내요. 소금을 넣고 뚜껑을 덮어 약불에서 7~8분 정도 끓여요. 부추를 넣고 불을 끈 뒤 후추를 뿌리고 그릇에 담아요.

두부김칫국

흔하게 먹는 두부김칫국을 약간 색다르게 즐겨보세요. 약간 느끼할 수 있는 메뉴에 곁들이면 입안이 개운하고 시원해요.

재료(1인분)
두부 1/6모(50g), 배추김치 30g, 물 2/3컵, 라면수프가루 1/5작은술, 소금 약간, 참기름 1/2작은술, 참깨, 김가루 각각 약간

만드는 방법
1 재료 손질하기
김치는 1.5cm 두께로 썰고, 두부는 숟가락으로 조금씩 떼어놓아요.

2 간하기
작은 냄비에 물과 라면수프를 넣어 중불에서 가열하고, 끓기 시작하면 소금을 넣어요.

3 끓이기
두부와 김치를 넣고 중약불에서 끓여요. 참기름을 뿌리고 그릇에 담은 다음 깨와 김가루를 뿌려요.

당질 4.1g

당질 2.5g

닭고기두유수프

다진 닭고기, 잎새버섯, 양상추를 넣은 부드러운 수프에요. 모두 당질이 낮은 식재료이니 듬뿍 넣어 푸짐하게 즐겨보세요.

재료(1인분)
다진 닭고기 30g, 두유 1/2컵, 잎새버섯 1/2팩(40g), 양상추 2장, 청주 1/2큰술, 물 2/3컵, 소금 1/4작은술, 후추 약간

만드는 방법

1 재료 손질하기
잎새버섯과 양상추는 먹기 좋은 크기로 찢어요.

2 끓이기
작은 냄비에 닭고기와 청주를 넣고 물을 조금씩 부어가면서 약불에서 가열해요. 끓기 시작하면 중불로 키우고 거품을 걷어낸 뒤 잎새버섯, 소금, 후추를 넣어요. 끓으면 뚜껑을 덮고 약불에서 5분 정도 끓여요.

3 완성
2에 양상추를 넣고 숨이 죽으면 두유를 부어 살짝 끓인 후 그릇에 담아요.

중국식 달걀수프

부드럽게 술술 넘어가는 맛이 일품이에요. 달걀수프로 양질의 단백질을 얻을 수 있어요.

재료(1인분)
달걀물 1/2개 분량, 육수 1컵, 소금 1/4작은술, 다진 참나물 약간
물녹말 녹말 1작은술, 물 1큰술

만드는 방법

1 국물 만들기
작은 냄비에 육수를 붓고 중불로 가열한 뒤 끓기 시작하면 소금을 넣어요. 물과 녹말을 섞어 육수에 넣고 걸쭉하게 농도를 맞춰요.

2 달걀 풀어 넣기
불을 중약불로 줄인 다음 안에서 바깥쪽으로 원을 그리면서 달걀물을 부어요. 달걀이 익으면 그릇에 담고 다진 참나물을 올려요.

당질
5.8g

당질
0.6g

양배추우유수프

당질을 낮추면서 칼슘과 비타민을 풍부하게 섭취할 수 있어요. 고소하고 담백해서 아이들도 좋아해요.

재료(1인분)
양배추 1장(30g), 물 2/3컵, 크림수프가루 1/4작은술, 소금 1/4작은술, 우유 1/2컵, 굵은 후추 약간

만드는 방법

1 재료 손질하기
양배추는 4~5cm 길이로 얇게 채 썰어요.

2 끓이기
작은 냄비에 물과 크림수프가루, 소금을 넣고 중불에서 가열해요. 끓기 시작하면 양배추를 넣고 뚜껑을 덮어 약불에서 3분 정도 끓여요.

3 완성
양배추의 숨이 죽으면 우유를 첨가해 살짝 끓인 뒤 그릇에 담고 굵은 후추를 뿌려요.

브로콜리베이컨수프

베이컨, 치즈가루, 올리브유가 어우러져 감칠맛이 뛰어난 수프예요. 다이어트 메뉴라고는 믿기 어려울 정도로 푸짐하답니다.

재료(1인분)
브로콜리 60g, 베이컨 2장(30g), 식용유 약간, 물 1컵, 소금 1/4작은술, 후추 약간, 치즈가루 1/2큰술, 올리브유 1작은술

만드는 방법

1 재료 손질하기
브로콜리는 세로로 4등분하고, 베이컨은 사방 3cm 크기로 썰어요.

2 볶고 끓이기
식용유를 두른 작은 냄비에 베이컨을 넣어 중불에서 볶고, 어느 정도 볶아졌으면 브로콜리를 추가해 볶아요. 물을 붓고 끓기 시작하면 약불로 줄인 뒤 거품을 걷어내고 뚜껑을 덮어 4~5분 끓여요.

3 간하기
브로콜리의 숨이 죽으면 소금과 후추를 뿌려 살짝 끓인 뒤 그릇에 담고 치즈가루와 올리브유를 뿌려요.

균형 잡힌 식단과 푸짐한 양!
메뉴 조합의 예

서브 요리 1
톳당근볶음(p.163)
당질 3.6g

메인 요리
돼지고기
된장구이(p.047)
당질 4.2g

밥 70g
당질 25.8g

서브 요리 2
중국식
달걀수프(p.166)
당질 2.5g

🍴 돼지고기된장구이 식단　　　　　　　　　　　　　총 당질 36.1g

지방의 감칠맛을 느낄 수 있는 돼지고기가 메인인 식단.
식감이 살아 있는 채소 반찬과 속을 든든하게 해주는 국이나 수프를 곁들여 영양 밸런스를 맞춰줘요.

오오바's Tip

PART 1의 메인 요리와 PART 2의 서브 요리, 그리고 밥으로 구성한 식단이에요.
메인 요리로 단백질과 지방을, 서브 요리로 비타민과 미네랄을 충분히 섭취할 수 있습니다.
밥의 양을 반 공기(70g)로 제한하는 것이 포인트! 이렇게 배불리 먹어도 살이 찌지 않아요. 밥을 많이 먹게 되지 않도록 음식의 간은 싱겁게 하는 편이 좋습니다. 밥 없이 메인 메뉴의 양을 늘려서 먹어도 좋습니다.

서브 요리 1
물냉이 방울토마토볶음(p.160)
당질 1.5g

메인 요리
전갱이튀김(p.083)
당질 9.3g

밥 70g
당질 25.8g

서브 요리 2
브로콜리 베이컨수프(p.167)
당질 0.6g

전갱이튀김 식단　　　　　　　　　　　　　　　총 당질 37.2g

전갱이튀김과 진한 타르타르소스가 메인인 식단. 이렇게 먹어도 다이어트가 된다니!
볶은 채소와 생채소를 함께 먹으면 영양소를 더욱 풍부하게 섭취할 수 있어요.

밥을 지을 때 같이 넣기만 하면 끝!

밥의 양을 늘리는 테크닉

콩비지밥 `한 끼 분량은 100g`

고소하고 살짝 단맛도 나요.
흰쌀밥 70g과 비슷한 당질량으로, 콩비지밥은 한 끼에 100g을 먹을 수 있어요.

재료(만들기 쉬운 분량)
생콩비지 150g, 쌀 2컵(360㎖), 물 적당량

만드는 방법
1 쌀을 씻은 뒤 체에 밭쳐 물기를 빼요.
2 전기밥솥에 1을 넣고 쌀 2컵에 해당하는 눈금만큼 물을 부어 20~30분 불려요.
  콩비지와 물 150㎖를 추가한 뒤 평소처럼 밥을 해요.

● Point
콩비지가 수분을 빨아들이기 때문에
그만큼 물을 더 넣고 밥을 지어요.

당질
24.5g

오오바's Tip

식사에서 '밥이 부족하다!'고 느끼는 사람을 위한 팁이에요. 밥을 할 때 쌀과 함께 넣기만 하면 된답니다. 밥이 완성되면 독특한 향은 사라지고 쌀밥에 뒤지지 않을 정도로 맛있어요. 한 끼 분량씩 소분해 냉동해두면 편리해요.

실곤약밥 한 끼 분량은 85g

심이섬유를 섭취할 수 있어 변비 해소에도 효과적이에요.
흰쌀밥 70g과 비슷한 당질량으로, 실곤약밥은 한 끼에 85g을 먹을 수 있어요.

재료(만들기 쉬운 분량)

실곤약 150g, 쌀 2컵(360㎖), 소금 1작은술, 물 적당량

만드는 방법

1 쌀을 씻은 뒤 체에 밭쳐 물기를 빼요. 전기밥솥에 쌀을 넣고 쌀 2컵에 해당하는 눈금만큼 물을 부어 20~30분 불려요.

2 볼에 실곤약, 소금을 넣고 버무린 다음 물에 씻어요.

3 냄비에 적당량 물을 붓고 가열한 뒤 끓기 시작하면 약불로 줄여 실곤약을 5분 정도 데쳐요. 체에 밭쳐 물기를 뺀 뒤 식으면 1㎝ 길이로 썰어요.

4 1에 데친 실곤약을 얹어 평소처럼 밥을 해요.

당질 24.2g

PART - 3

저탄수화물 다이어트에 성공하기 위해
가장 주의해야 할 것은 바로 '주식의 양'이에요.
주식은 당질이 높기 때문에 줄이거나 권장량을 지켜 섭취해야 합니다.
이 장에서는 주식을 먹으면서도 다이어트가 가능한
한 그릇 레시피를 알려드릴게요.
한 그릇 저탄수화물식의 권장당질량은 20~40g입니다.

ONE PLATE MENU

밥, 빵, 면을 이용한
한 그릇 저탄수화물 레시피

DIET-RECIPE

●

먹어도 살찌지 않는 밥, 빵, 면 식사법

밥, **빵**, **면**을 이용한 저탄수화물식이 먹고 싶다면
주식의 양을 꼭 지키면서 알록달록 다양한 색의 부재료를 듬뿍 넣어 드세요.

점심을 밖에서 먹어야 하는 회사원이나 학생들을 위해서는
홈메이드 도시락을 추천합니다.
김밥, 샌드위치 등은 만들기도 쉽고 간편해요.
혈당을 올리지 않으면서 영양과 포만감도 챙길 수 있는
한 그릇 집밥 메뉴와 **도시락** 메뉴를 소개합니다.

주식 100g 중 당질량

밥
36.8g
적정량은 70g = 당질 **25.8g**

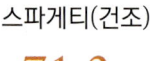

스파게티(건조)
71.2g
적정량은 40g = 당질 **28.5g**

펜네(건조)
71.2g
적정량은 40g = 당질 **28.5g**

찐 중화면
36.5g
적정량은 1/2봉 = 당질 **31.0g**

삶은 우동
20.8g
적정량은 1/2봉 = 당질 **20.8g**

바게트
54.8g

적정량은 6cm(50g) = 당질 **27.4g**

잉글리시 머핀
39.6g

적정량은 1개(60g) = 당질 **23.8g**

식빵
44.4g

적정량은 샌드위치용 식빵 2장
(60g) = 당질 **26.6g**

기타 주식 100g 중 당질량
(적정량과 해당 당질량)

현미밥 34.2g ············ 75g = 당질 **25.7g**
소면(건조) 70.2g ········ 40g = 당질 **28.1g**
메밀면(건조) 63.0g ····· 40g = 당질 **25.2g**
건포도빵 48.9g ·········· 50g = 당질 **24.5g**
크루아상 42.1g ·········· 50g = 당질 **21.1g**
호밀빵 47.1g ············· 50g = 당질 **23.6g**

• 한 그릇 집밥

밥, 빵, 면을 이용해 뚝딱 만드는 한 그릇 집밥 메뉴를 소개합니다. 당질이 높은 주식의 양은 꼭 지켜주세요.

당질 29.0g

돼지고기달걀볶음밥 밥 70g으로!

구운 돼지고기, 달걀, 아츠아게를 넣어 단백질이 풍부한 볶음밥이에요.
양상추를 듬뿍 넣어 아삭한 식감을 살려주세요.

재료(1인분)
따뜻한 밥 70g, 구운 돼지고기(시판용 또는 p.206 참고) 30g, 달걀 1개, 아츠아게(튀긴 두부) 1/5장(50g), 양상추 4~5장(50g), 다진 대파 1큰술, 식용유 적당량, 청주 1작은술, 소금, 후추 각각 약간

만드는 방법

1 재료 손질하기
구운 돼지고기와 아츠아게는 볶음밥용으로 잘게 썰고, 양상추는 사방 3cm 크기로 썰어요.

2 달걀 익히기
볼에 달걀을 풀어줘요. 프라이팬에 식용유 1작은술을 두르고 중불에서 가열한 뒤 달걀물을 천천히 부어요. 젓가락으로 휘저으며 볶다가 달걀이 익으면 불을 꺼요.

3 볶기
2의 프라이팬을 살짝 닦고 식용유 1큰술을 두른 뒤 아츠아게와 대파를 넣고 볶아요. 어느 정도 볶아졌으면 구운 돼지고기와 밥, 달걀을 넣어 주걱으로 눌러가면서 볶아요.

4 완성
밥이 고슬고슬하게 볶아졌으면 청주, 소금, 후추를 뿌려요. 양상추를 넣고 볶은 다음 그릇에 담아요.

● Point
밥과 부재료의 비율이 1:2 정도가 되도록 해요. 담백한 아츠아게를 잘게 썰어 밥의 양을 늘려줍니다.

당질 33.3g

치쿠와볶음밥 밥 70g으로!

치쿠와의 독특한 식감과 노자와나 절임의 짭짤한 맛, 표고버섯의 감칠맛이 정말 잘 어울려요.
아삭아삭한 경수채를 듬뿍 넣어 식감도 살리고 양도 푸짐하게!

재료(1인분)
따뜻한 밥 70g, 치쿠와(길쭉하게 구운 어묵) 1개(40g), 생표고버섯 2개(40g), 노자와나 절임('노자와나'는 나가노현에서 재배되는 순무의 한 품종. 주로 잎과 무를 절여 먹음) 20g, 경수채 1/5단(40g), 식용유 1큰술, 청주 1작은술, 소금, 후추 각각 약간, 참깨 1/4작은술

만드는 방법

1 재료 손질하기
치쿠와는 세로로 4등분한 뒤 얇게 썰고, 표고버섯은 기둥을 떼어내고 사방 5mm로 썰어요. 노자와나 절임은 물기를 꼭 짜서 잘게 다지고, 경수채는 줄기 끝을 잘라내고 2~3cm 길이로 썰어요.

2 볶기
식용유를 두른 팬에 표고버섯을 넣고 중불에서 볶아요. 어느 정도 볶아졌으면 치쿠와, 노자와나 절임, 밥을 넣고 볶아요.

3 완성
밥이 고슬고슬하게 볶아졌으면 청주와 소금, 후추를 뿌려요. 경수채를 넣고 살짝 볶은 뒤 그릇에 담고 깨를 뿌려요.

● **Point**
치쿠와, 표고버섯, 노자와나 절임을 밥알 크기로 잘게 다지면 볶음밥 양이 푸짐해져요. 노자와나 절임 대신 무짠지나 단무지 등 다른 채소 절임으로 대체해도 무방해요.

당질 27.2g

새우라이스샐러드 밥 70g으로!

프렌치드레싱을 뿌린 색다른 느낌의 샐러드밥이에요.
단백질이 풍부한 새우와 삶은 달걀을 넣어 한 끼 식사로 든든해요.

재료(1인분)
따뜻한 밥 70g, 새우살(소) 40g, 삶은 달걀[1] 1개, 오이 1/2개(40g), 다진 양파 1큰술, 다진 파슬리 1/2큰술, 베이비채소 15g, 프렌치드레싱(p.150) 1큰술, 소금, 후추 각각 약간

만드는 방법

1 밥 준비하기
볼에 밥을 넣고 드레싱을 뿌려 고루 섞은 뒤 식혀요.

2 새우 손질하기
새우는 등 쪽에 있는 내장을 제거하고 물에 깨끗이 씻은 다음 키친타월로 물기를 제거해요. 끓는 물에 새우를 살짝 데치고 식혀서 길이를 반으로 잘라요.

3 나머지 재료 손질하기
삶은 달걀은 껍질을 벗기고 6등분해요. 오이는 얇게 썰어 약간의 소금(분량 외)을 넣고 살짝 버무린 뒤 10분 정도 절여요. 오이의 숨이 죽으면 물에 씻고 물기를 꼭 짜요.

4 완성
밥에 새우, 오이, 양파, 파슬리를 넣고, 소금과 후추를 뿌려 고루 섞어요. 그릇에 베이비채소를 깔고 라이스샐러드를 올린 뒤 삶은 달걀을 얹어요.

● Point
새우와 삶은 달걀이 들어간 일반 볶음밥과는 다른 맛! 오이와 베이비채소를 넣어 식감과 볼륨을 더해줍니다.

---

1 냄비에 달걀이 잠길 정도의 물을 넣고 중불에서 조심스럽게 굴리면서 삶아요. 물이 끓으면 약불로 줄여 10분 정도 더 삶은 뒤 찬물에 담가 식혀요.

당질 29.9g

베이컨만가닥버섯리소토 밥 70g으로!

재료를 아낌없이 듬뿍 넣어 푸짐한 이탈리안 요리 리소토예요.
새콤달콤한 수프를 머금은 밥의 매력에 빠져보세요.

재료(1인분)
따뜻한 밥이나 찬밥 70g, 베이컨 2장(30g), 만가닥버섯 1/2팩(40g), 브로콜리 30g, 토마토 50g, 다진 양파 2큰술, 올리브유 1큰술, 물 1과 1/3컵, 소금 1/3작은술, 후추 약간

만드는 방법

1 재료 손질하기
베이컨은 1cm 길이로 썰고, 만가닥버섯은 밑동을 제거한 뒤 가닥가닥 찢고 길이를 반으로 잘라요. 브로콜리는 세로로 5~6등분하고, 토마토는 씨를 제거한 뒤 잘게 썰어요.

2 볶기
올리브유를 두른 냄비에 베이컨, 만가닥버섯, 양파를 넣고 중불에서 볶아요.

3 끓이기
2가 어느 정도 볶아졌으면 물을 붓고, 끓기 시작하면 소금과 후추를 뿌린 뒤 밥과 브로콜리를 넣고 저어요. 뚜껑을 덮고 약불에서 1~2분 정도 끓여요. 토마토를 넣고 살짝 끓인 다음 그릇에 담아요.

● Point
당질량이 높은 토마토는 소량만 사용해요. 식감과 색이 서로 다른 재료들이 한데 어우러져 너무도 맛있는 리소토가 완성됩니다.

당질
32.3g

카르보나라 스파게티 [스파게티 40g으로!]

당질 제한 다이어트니까 가능한 크림 파스타!
저당질의 생크림, 달걀노른자, 치즈가루로 진한 카르보나라를 즐겨보세요.

📋 재료(1인분)

스파게티 40g, 베이컨 40g, 새송이버섯 2개(80g), 마늘 1/2쪽, 올리브유 2/3큰술, 소금, 후추 각각 약간, 굵은 후추 약간
소스 달걀노른자 1개 분량, 생크림 1과 1/2큰술, 치즈가루 1과 1/2큰술, 소금, 후추 각각 약간

🍲 만드는 방법

1 재료 손질하기
베이컨은 1cm 두께로 얇게 썰고, 새송이버섯은 밑동을 제거한 뒤 얇게 썰고, 마늘은 가로로 편 썰어요.

2 소스 만들기
볼에 소스 재료를 넣고 잘 섞어요.

3 스파게티 삶기
끓는 물에 약간의 소금(분량 외)을 넣고 스파게티를 봉지에 표시된 시간만큼 삶은 뒤 체에 밭쳐 물기를 빼요.

4 볶기
프라이팬에 올리브유와 마늘을 넣고 약불에서 볶고, 마늘향이 나면 중약불로 키운 다음 베이컨과 새송이버섯을 넣고 볶아요. 어느 정도 볶아졌으면 소금과 후추를 뿌리고 스파게티를 넣어요. 소스를 붓고 빠르게 섞은 뒤 그릇에 담고 굵은 후추를 뿌려요.

● **Point**
새송이버섯을 스파게티면과 비슷한 굵기로 썰어 양을 늘려주세요. 새송이버섯 특유의 쫄깃한 식감과 감칠맛이 요리에 풍미를 더해줍니다.

당질 36.5g

새우돼지고기야키소바 중화면 85g으로!

노릇하고 바삭하게 구운 중화면과 걸쭉한 소스가 정말 맛있어요.
당질이 낮은 돼지고기와 해산물 덕분에 먹는 즐거움이 가득합니다.

🍴 재료(1인분)
찐 중화면 1/2봉(85g), 얇게 썬 삼겹살 30g, 새우살(소) 40g, 오징어 몸통 30g, 건목이버섯 15g(물에 불린 후의 정미량. 불리기 전에는 4g), 양배추 2장(40g), 숙주 1/4봉(50g), 식용유 1/2큰술, 청주 1/2큰술, 물 1/3컵, 소금 1/3작은술, 후추 약간, 참기름 1/2작은술
물녹말 녹말 1작은술, 물 2작은술

🍲 만드는 방법

1 재료하기
목이버섯은 물에 30분 정도 불린 다음 밑동을 제거한 뒤 썰고, 돼지고기는 3cm 두께로 썰어요. 새우는 등 쪽의 내장을 제거하고 물에 씻은 다음 물기를 빼요. 오징어는 격자무늬로 칼집을 내고 사방 2cm로 썰고, 양배추는 사방 3~4cm 크기로 썰어요.

2 중화면과 숙주 굽기
손질한 숙주와 중화면을 볼에 담아 섞은 뒤 프라이팬에 넣고 중불에서 8~9분 정도 뒤적이며 구워요. 노릇한 색이 나면 그릇에 담아요.

3 볶기
식용유를 두른 팬에 돼지고기를 넣고 중불에서 볶아요. 이후 새우, 오징어, 목이버섯, 양배추를 넣고 볶아요.

4 완성
어느 정도 볶아졌으면 청주와 분량의 물을 넣고, 끓으면 약불로 줄여 거품을 걷어낸 뒤 소금과 후추를 뿌려요. 뚜껑을 덮고 1~2분 더 끓인 다음 물녹말을 조금씩 넣어 농도를 맞춰요. 참기름을 뿌린 뒤 3에 부어요.

●Point
중화면은 반 봉지만 사용하고, 당질이 낮은 숙주는 듬뿍 넣어 양을 늘려주세요.

당질
24.0g

다마고도지우동 우동면 100g으로!

유부의 감칠맛과 팽이버섯의 풍미를 달걀로 부드럽게 감싼 따끈한 우동이에요.
간단하지만 영양가 만점의 당질 제한 메뉴랍니다.

재료(1인분)

삶은 우동면 1/2덩어리(100g), 달걀 1개, 유부 1장 (32g), 팽이버섯 1/2봉(50g), 쪽파 1뿌리(20g), 육수 2컵, 간장, 소금 각각 1/2작은술, 시치미 고춧가루 약간

만드는 방법

1 재료 손질하기
유부는 세로로 반 자른 뒤 1cm 두께로 썰고, 팽이버섯은 밑동을 제거하고, 쪽파는 작게 송송 썰어요.

2 끓이기
냄비에 육수를 붓고 중불에서 끓이다가 1의 유부와 팽이버섯을 넣어요. 끓기 시작하면 약불로 줄인 뒤 뚜껑을 덮고 5분 정도 끓여요. 간장과 소금, 우동면을 넣고 1~2분 더 끓여요.

3 완성
볼에 달걀을 깨뜨려 잘 풀어준 다음 2에 안에서 바깥쪽으로 원을 그리면서 부어줘요. 반숙 상태가 되면 쪽파를 올리고 그릇에 담은 뒤 시치미 고춧가루를 뿌려요.

● Point
우동면의 양을 줄이고 부재료를 듬뿍 넣는 것이 당질을 낮추는 비결! 달걀과 유부를 넣어 양질의 단백질까지 섭취할 수 있어요.

당질 27.7g

닭고기붓카케소바 메밀면 40g으로!

얇게 채 썬 무를 넣어 맛은 깔끔하고 식감은 아삭아삭해요.
차게 식힌 닭고기 육수의 깊은 맛을 느껴보세요.

🧂 재료(1인분)
메밀면(건조) 40g, 닭다리살 130g, 오크라 3개, 생강 껍질 1쪽 분량, 무 30g, 물 1컵, 청주 1큰술, 소금 1/3작은술, 간 생강 1/2작은술

🍳 만드는 방법

1 닭고기 손질하기
냄비에 닭고기와 물을 넣고 중불에서 가열한 뒤 끓기 시작하면 약불로 줄이고 거품을 걷어내요. 생강 껍질, 청주, 소금을 넣은 다음 뚜껑을 덮고 15분 정도 끓여요. 그대로 식혀서 생강 껍질만 빼내고 냉장고에 넣어둬요.

2 무 손질하기
무는 껍질을 벗기고 채칼 등으로 채 썰어요.

3 메밀면과 오크라 삶기
끓는 물에 메밀면과 오크라를 넣고 봉지에 표시된 시간만큼 삶아요. 메밀면은 찬물에 치대면서 헹군 다음 물기를 빼고 무와 섞어 그릇에 담아요.

4 완성
닭고기는 8mm 두께로 썰고, 오크라는 꼭지를 떼어내고 얇게 썰어요. 면 위에 닭고기와 오크라를 올리고 차게 식힌 육수를 부은 다음 간 생강을 곁들여요.

● **Point**
시판 쯔유에는 당분이 많이 함유되어 있으므로 사용하지 않는 게 좋아요. 차가운 닭고기 육수의 담백하고 진한 맛이 최고예요.

당질 36.4g

프렌치토스트 〔바게트 60g으로!〕

달걀물에 충분히 적셔 촉촉하고 부드러운 프렌치토스트. 버터로 노릇노릇하게 구운 뒤 바삭한 베이컨과 아스파라거스를 곁들이면 맛있는 저탄수화물 메뉴가 완성돼요.

재료 (1인분)
바게트 6cm(60g), 베이컨 3장(45g), 달걀 1개, 아스파라거스 1개(50g), 우유 3큰술, 버터 1/2큰술, 식용유 약간, 소금 약간

만드는 방법

1 바게트에 달걀물 적시기
바게트는 반으로 어슷하게 썰어요. 볼에 달걀을 풀고 우유를 부어 잘 저은 다음 바게트를 담가 충분히 적셔 줘요.

2 아스파라거스 손질하기
아스파라거스는 밑동에서 7cm 정도까지 필러로 껍질을 벗기고 3등분해요.

3 바게트 굽기
프라이팬에 버터를 넣고 약불에서 녹인 뒤 바게트를 올려 3분 정도 굽고, 뒤집어서 더 구운 다음 그릇에 담아요.

4 베이컨과 아스파라거스 굽기
프라이팬을 살짝 닦은 뒤 식용유를 두르고 베이컨과 아스파라거스를 굽다가 아스파라거스에 소금 간을 해요. 베이컨이 바삭하게 구워졌으면 구운 바게트 위에 얹고 아스파라거스를 곁들여요.

● Point
일반적인 프렌치토스트처럼 달걀물에 설탕을 넣으면 안 돼요. 설탕 대신 베이컨의 짭조름한 맛으로 만족감을 올려주세요.

생선튀김샌드위치 `잉글리시 머핀 60g으로!`

잉글리시 머핀 1개 정도는 당질 제한식에선 문제없어요.
빵의 섭취량만 지키면 튀김과 고소하고 진한 타르타르소스도 먹을 수 있답니다.

재료(1인분)
잉글리시 머핀 1개(60g), 손질된 흰살 생선(대구, 도미 등) 1덩어리(80g), 청상추 2장(20g), 알팔파 15g, 소금, 후추 각각 약간, 밀가루 1작은술, 달걀물 1/3개 분량, 생빵가루 10g, 튀김 기름 적당량, 버터 1큰술
타르타르소스 큼직하게 다진 삶은 달걀 1개 분량, 다진 파슬리 1큰술, 다진 양파 1/2큰술, 마요네즈 1큰술, 소금, 후추 각각 약간

만드는 방법

1 흰살 생선 손질하기
흰살 생선은 반으로 잘라 앞뒷면에 소금과 후추를 뿌린 뒤 키친타월로 물기를 제거해요. 브러시로 밀가루를 얇게 묻히고 달걀물, 빵가루 순으로 튀김옷을 입혀요.

2 타르타르소스 만들기
볼에 타르타르소스 재료를 넣고 잘 섞어요.

3 흰살 생선 튀기기
170~180℃ 기름에 흰살 생선을 넣고 뒤집어가면서 2분 정도 튀겨요. 바삭하게 튀겨졌으면 꺼내 기름기를 빼요.

4 머핀 굽기
머핀을 반으로 잘라 오븐에 넣고 4~5분 구운 다음 뜨거울 때 자른 면에 버터를 발라요. 머핀을 그릇에 담고 청상추, 알팔파, 튀긴 생선 순으로 올려요. 타르타르소스를 얹고 나머지 머핀을 올려요.

● Point
밀가루가 너무 많이 묻지 않도록 생선의 물기를 확실히 닦아주세요. 당질량 제한을 위해 튀김옷에 들어가는 빵가루의 양도 정확하게 지켜주세요.

• 도시락

밖에서 사 먹는 음식은 아무래도 밥이나 면의 양이 많기 마련이에요. 남기지 않고 무심코 다 먹어버리면 다이어트를 지속하기 어렵게 되지요. 조금만 정성을 들여 나만의 저탄수화물 도시락을 만들어보세요.

당질 32.4g

데리야키치킨덮밥 도시락 `콩비지밥 100g으로!`

닭다리살에 데리야키소스를 발라 먹어보세요. 볶은 달걀까지 얹으면 알록달록 예쁜 도시락이 완성됩니다.

재료(1인분)
콩비지밥(p.170) 100g, 청상추 1장, 방울토마토 1개
1) **데리야키치킨** 닭다리살 200g, 청주 1작은술, **양념** 맛술, 라칸토S 각각 1작은술, 간장 1큰술, 간 생강 약간
2) **달걀볶음** 달걀 1개, 버터 1작은술
3) **시금치김무침** 시금치 1/2단(80g), 구운 김 1/2장, 간장 1/2작은술

만드는 방법

1) 데리야키치킨

1 닭고기는 껍질 반대쪽에 4~5군데 칼집을 내 힘줄을 끊어요.

2 식용유를 두른 팬에 닭고기의 껍질이 팬에 닿게 올리고 중불에서 4~5분 정도 구워요. 뒤집어서 1분 더 구운 다음 뚜껑을 덮고 약불에서 3~4분 정도 익혀요.

3 2에 청주와 양념 재료를 넣고 섞어요. 식힌 다음 1.5cm 두께로 썰고, 남은 양념은 따로 덜어둬요.

2) 달걀볶음

프라이팬에 버터를 넣고 중불에서 녹인 뒤 달걀물을 붓고 휘저어가면서 볶은 다음 그릇에 담아 식혀요.

3) 시금치김무침

끓는 물에 약간의 소금(분량 외)을 넣고 시금치를 30초 데쳐요. 찬물에 담가 식힌 뒤 물기를 짜고 3~4cm로 썰어요. 볼에 시금치, 간장, 대충 찢은 김을 넣고 잘 섞어요.

> **도시락 싸는 법**
> 도시락통에 콩비지밥을 담고 볶은 달걀과 닭고기를 순서대로 올린 뒤 덜어놓은 양념을 부어요. 청상추로 칸을 막아 시금치와 방울토마토를 곁들여요.

• **Point**
주식이 밥인 도시락에는 당질이 낮고 몸에 좋은 콩비지밥을 넣어주세요.

당질 35.0g

돼지고기카레야키소바 도시락 `중화면 85g으로!`

면이 조금 적다고 느낄 수 있지만, 고소한 삼겹살과 당질 제로인 콩나물을 듬뿍 넣어 속이 든든해요.

재료(1인분)

1) 돼지고기카레야키소바 찐 중화면(야키소바용) 1/2봉(85g), 얇게 썬 삼겹살 50g, 콩나물 1/4봉(50g), 생표고버섯 2개(40g), 식용유 1/2큰술, 청주 1/2큰술, 물 1큰술, **양념** 카레가루 1작은술, 소금 1/4작은술, 간장 약간

2) 브로콜리샐러드 브로콜리 50g, 방울토마토 2개, 마요네즈 1큰술, 소금 약간, 양상추 1/2장

만드는 방법

1) 돼지고기카레야키소바

1 돼지고기는 3cm 두께로 썰고, 콩나물은 뿌리를 다듬고 물에 씻은 다음 물기를 빼요. 표고버섯은 기둥을 떼어내고 5mm 두께로 썰어요.

2 식용유를 두른 팬에 돼지고기를 넣고 중불에서 볶고, 고기 색이 변하면 표고버섯과 콩나물을 넣어 볶아요.

3 어느 정도 볶아졌으면 중화면을 가닥가닥 풀어 넣고 볶다가, 청주와 물을 넣고 뚜껑을 덮은 뒤 약불에서 2분 정도 익혀요. 양념 재료를 넣고 볶은 다음 꺼내 식혀요.

2) 브로콜리샐러드

1 브로콜리와 방울토마토는 세로로 4등분해요.

2 끓는 물에 약간의 소금(분량 외)을 넣고 브로콜리를 1분 정도 데쳐요. 찬물에 담가 식힌 다음 물기를 빼요.

3 볼에 방울토마토와 브로콜리를 담고 마요네즈와 소금을 넣어 잘 섞어요.

`도시락 싸는 법`

도시락통에 카레야키소바를 담고 양상추로 칸을 막아 샐러드를 담아요.

● Point

샐러드에는 시판 드레싱 대신 마요네즈를 사용하세요.

당질 39.2g

다진고기토마토펜네 도시락 〔펜네 40g으로!〕

파스타는 소량만 사용하고 다른 재료를 푸짐하게 넣어요. 치즈가루를 듬뿍 뿌려 감칠맛을 내주세요.

재료(1인분)

1) 토마토펜네 펜네 40g, 다진 돼지고기 100g, 양파 1/5개 (40g), 가지 1개(70g), 토마토 1/2개(100g), 식용유 1큰술, 청주 1/2큰술, 소금 1/2작은술, 후추 약간, 치즈가루 1큰술

2) 만가닥버섯샐러드 만가닥버섯 1/2팩(50g), 베이비채소 30g, 프렌치드레싱(p.150) 2큰술, 소금, 후추 각각 약간

만드는 방법

1) 토마토펜네

1 양파는 다지고, 가지는 꼭지를 떼고 사방 1cm로 썰어요. 토마토는 꼭지와 씨를 제거하고 사방 1cm로 썰어요.

2 식용유를 두른 팬에 다진 양파를 넣고 중불에서 볶아요. 숨이 죽으면 다진 고기를 넣고 같이 볶아요.

3 고기 색이 변하면 가지를 넣어 볶다가 토마토, 청주, 소금, 후추를 넣고 고루 섞은 다음 뚜껑을 덮고 약불에서 10분 정도 익혀요.

4 끓는 물에 약간의 소금(분량 외)을 넣고 봉지에 표시된 시간만큼 펜네를 삶아요. 체에 밭쳐 물기를 뺀 다음 3에 넣고 중불에서 같이 볶아요.

2) 만가닥버섯샐러드

만가닥버섯은 밑동을 제거한 뒤 가닥가닥 찢어요. 내열용기에 담고 랩을 씌워 전자레인지(600W)에서 1분 정도 가열한 뒤 식혀요. 버섯을 볼에 담고 드레싱, 소금, 후추를 넣고 버무려요.

도시락 싸는 법

밀폐 용기에 토마토펜네를 담고 먹을 때 치즈가루를 뿌려요. 다른 용기에 베이비채소와 만가닥버섯을 넣고 먹기 전에 잘 섞어요.

● **Point**
펜네 파스타는 식어도 씹는 맛이 좋아서 도시락 메뉴로 아주 좋아요.

당질 37.9g

오므라이스 도시락 밥 70g으로!

자주 먹던 오므라이스도 당질을 제한하면 레시피가 달라져요. 버터의 진한 풍미로 요리의 맛을 살려주세요.

재료(1인분)

1) 오므라이스 따뜻한 밥 70g, 달걀 2개, 양송이버섯 3개(50g), 양파 20g, 버터 1큰술, 청주 1작은술, **양념** 토마토케첩 1큰술, 소금, 후추 각각 약간, **달걀부침** 생크림 1큰술, 소금, 후추 각각 약간

2) 그린샐러드 오이 1/3개(30g), 양상추 3~4장(40g), 사과 1/10조각(30g), 프렌치드레싱(p.150) 2큰술

만드는 방법

1) 오므라이스

1 양송이버섯은 작게 썰고, 양파는 잘게 다져요.

2 프라이팬에 버터 1/2큰술을 넣고 약불에서 가열한 뒤 양파, 양송이버섯을 넣고 볶아요. 어느 정도 볶아졌으면 밥을 넣고 같이 볶아요. 밥이 고슬고슬해지면 청주와 양념 재료를 넣고 볶은 뒤 식혀요.

3 볼에 달걀을 풀고 달걀부침 재료를 넣어 잘 섞어요. 2의 프라이팬을 살짝 닦고 버터 1/2큰술을 넣어 중불에서 가열한 다음 달걀물을 부어요. 크게 휘저으면서 볶은 뒤 불에서 내려 식혀요.

2) 그린샐러드

오이는 얇게 썰고, 양상추는 먹기 좋게 찢어요. 사과는 세로로 반 자른 뒤 씨 있는 부분을 잘라내요.

도시락 싸는 법

도시락통에 오므라이스 밥을 담고 달걀부침을 올려요. 빈 곳에 샐러드와 사과를 채워 넣어요. 샐러드드레싱은 별도의 용기에 담아 먹기 전에 뿌려요.

● Point
단맛이 나는 토마토케첩은 당질이 높은 편이므로 1큰술만 사용하세요. 사과는 당질이 높은 편이지만 30g 정도는 괜찮아요.

• 럭셔리김밥

김 위에 밥과 다양한 재료를 듬뿍 얹어 말기만 하면 되는 김밥! 짧은 시간에 뚝딱 만들 수 있어 한 그릇 집밥 메뉴로도 좋고 도시락 메뉴로도 정말 좋아요.

스테이크김밥

아삭아삭한 채소와 소고기 스테이크를 김 위에 올려 정성껏 말아주세요. 손님 초대 상에 올려도 손색이 없을 정도로 맛과 영양이 훌륭해요.

재료(1인분)
따뜻한 밥 70g, 구운 김 1/2장, 소고기 스테이크[1] 60g, 경수채 10g, 물냉이 약간
양념 와사비 약간, 간장 1/2작은술, 후추 약간

만드는 방법
1 구운 소고기는 6mm 두께로 썰어요.

2 볼에 소고기와 양념 재료를 넣고 버무려요.

3 경수채는 김 크기와 비슷하게 자르고 물냉이는 부드러운 잎만 따요.

당질 **26.6g**

마는 법

1 김을 세로로 길게 놓고, 밥을 올려 고르게 편 다음 경수채, 물냉이, 소고기를 순서대로 얹어요.

2 먼 쪽의 김 끝부분에 손가락으로 물을 살짝 발라요.

3 김을 돌돌 말아 물을 바른 김으로 고정시키고, 반으로 잘라 그릇에 담아요. 더 얇게 썰어 먹어도 좋아요.

---

1 스테이크용 소고기 60g에 소금과 후추를 약간 뿌리고 식용유를 두른 팬에 올려 중불에서 1분, 약불에서 30초 정도 구워요. 고기를 뒤집어서 더 구운 다음 사용해요.

당질 **29.0g**

당질 **27.2g**

닭고기깻잎김밥

된장과 참기름, 후추로 밑간한 닭가슴살의 짭쪼름하고 고소한 맛이 중독성 있어요.

재료(1인분)
따뜻한 밥 70g, 구운 김 1/2장, 삶은 닭가슴살 50g, 대파 15g, 깻잎 2장, 청주 1/2작은술
양념 된장 1/2큰술, 참기름 1작은술, 후추 약간

만드는 방법
1 닭가슴살 손질하기
닭가슴살은 힘줄을 제거하고 반으로 잘라요. 내열 용기에 담아 청주를 뿌리고 랩을 씌워 전자레인지에서 40초 정도 가열해요. 랩을 씌운 채 식힌 다음 손으로 잘게 찢어요. 닭가슴살에서 나온 육즙은 따로 덜어둬요.

2 대파 손질하기
대파는 세로로 반 잘라 3~4mm 두께로 어슷썰기 해요.

3 섞기
볼에 양념 재료를 넣고 섞은 다음 손질한 닭가슴살과 대파를 넣고 고루 섞어요.

4 말기
김 위에 밥을 올려 편 다음 깻잎과 3을 순서대로 얹어 돌돌 말아요. 반으로 잘라 그릇에 담아요.

매콤한 참치마요김밥

누구나 좋아하는 참치마요김밥도 직접 만들면 당질 제한이 가능해요. 매콤한 맛을 더하면 지방을 연소시키는 효과까지 얻을 수 있지요.

재료(1인분)
따뜻한 밥 70g, 구운 김 1/2장, 참치 1/2캔(35g), 슬라이스치즈 2장(36g), 청상추 2장(20g), 마요네즈 1큰술, 다진 홍고추 약간

만드는 방법
1 참치 손질하기
기름을 뺀 참치를 잘게 부셔서 마요네즈와 섞어요.

2 말기
김 위에 밥을 올려 편 다음 청상추, 슬라이스치즈, 참치를 얹어 돌돌 말아요. 반으로 잘라 그릇에 담은 다음 다진 홍고추를 뿌려요.

● 샌드위치

샌드위치용 식빵(두께 10mm) 2장을 사용해 만들어요. 깜짝 놀랄 정도로 재료를 푸짐하게 넣어도 종이로 깔끔하게 포장하고 나면 보기도 좋고 먹기도 좋아요.

연어아보카도샌드위치

아보카도는 과일 중에서도 당질이 낮아서 부담 없이 즐길 수 있어요.
크림치즈와 채소를 듬뿍 넣어 컬러풀한 색감을 살려주세요.

재료(1인분)
샌드위치용 식빵(두께 10mm) 2장, 훈제 연어 6장(40g), 아보카도 1/2개(100g), 크림치즈 20g, 베이비채소 20g, 버터 1큰술, 레몬즙 1작은술, 마요네즈 1큰술, 소금, 후추 각각 약간

만드는 방법
1 크림치즈와 버터는 말랑해지도록 실온에 꺼내둬요.

2 아보카도는 씨와 껍질을 제거하고 1cm 두께로 썬 뒤 레몬즙을 뿌려요.

3 2장의 식빵 한쪽 면에 버터를 골고루 펴 바르고, 그 중 1장은 버터를 바른 면에 크림치즈를 덧발라요.

당질 29.3g

마는 법

1 길이 40cm로 자른 오븐용 종이를 세로로 길게 깔고, 가운데에 버터만 바른 빵을 가로로 길게 올려요. 그 위에 훈제 연어와 아보카도를 얹은 다음 마요네즈를 바르고 소금과 후추를 뿌려요. 베이비채소를 올리고 크림치즈를 바른 나머지 식빵을 얹어 손으로 가볍게 눌러줘요.

2 종이의 양쪽 끝이 만나도록 잡고 위에 올린 종이를 안으로 두 번 접어 넣어 단단하게 고정시켜요.

3 양쪽의 열린 부분을 접어서 테이프로 붙인 다음 반으로 잘라 그릇에 담아요.

당질 27.8g

달걀샌드위치

달걀에 설탕을 넣지 않고 육수와 소금으로 깊은 맛을 냅니다. 부드럽고 두툼하게 굽는 것이 포인트!

재료(1인분)
샌드위치용 식빵(두께 10mm) 2장, 달걀 2개, 청상추 2장(20g), 버터 1큰술, 식용유 1작은술
달걀부침 육수 2큰술, 소금 1/6작은술, 후추 약간
양념 마요네즈 1큰술, 소금, 후추 각각 약간

만드는 방법

1 달걀 익히기
볼에 달걀을 푼 다음 달걀부침 재료를 넣고 잘 섞어요. 식용유를 두른 달걀말이팬에 달걀물을 붓고 중불에서 휘저으면서 익혀요. 반숙 상태가 되면 반으로 잘라 살짝 구운 다음 불에서 내려요.

2 청상추 손질하기
청상추를 식빵 길이만큼 잘라 양념 재료와 고루 섞어요.

3 샌드위치 만들기
2장의 식빵 한쪽 면에 버터를 펴 발라요. 식빵 1장에 청상추와 달걀을 올리고 나머지 식빵을 얹어요. 오븐용 종이로 포장한 다음 반으로 잘라 그릇에 담아요.

당질 28.9g

고등어초절임샌드위치

비릴 것 같지만 의외로 정말 맛있어요! 고등어초절임의 새콤한 맛, 오이와 단무지의 아삭한 식감, 깻잎의 향긋한 향이 어우러져 절묘한 맛을 선사합니다.

재료(1인분)
샌드위치용 식빵(두께 10mm) 2장, 고등어초절임(시판용) 60g, 오이 1개(100g), 단무지 10g, 깻잎 4장, 버터 1큰술

만드는 방법

1 재료 손질하기
오이는 길이를 반으로 자르고 채칼 등을 사용해 얇게 저민 다음 키친타월로 물기를 제거해요. 단무지는 얇게 채 썰고 깻잎은 줄기를 떼어내요.

2 샌드위치 만들기
2장의 식빵 한쪽 면에 버터를 골고루 펴 발라요. 식빵 1장에 오이를 올리고 고등어초절임, 단무지, 깻잎을 순서대로 올린 다음 나머지 식빵을 얹어요. 오븐용 종이로 포장하여 반으로 잘라 그릇에 담아요.

• 홈메이드 아침 식사

아침을 먹으면 하루의 혈당이 안정적으로 유지돼요. 조리 시간이 짧으면서도 포만감을 느낄 수 있는 음식으로 아침 식사를 준비해보세요.

당질
29.3g

우메낫토밥 플레이트

'밥파'인 당신을 위한 아침 메뉴. 밥과 함께 낫토, 달걀로 양질의 단백질을 섭취해요. 밥의 양이 살짝 부족하게 느껴진다면 볶은 채소를 더 곁들여요.

🍲 재료(1인분)

1) 우메낫토밥
따뜻한 밥 70g, 낫토 1팩(40g), 우메보시 1개, 반숙 달걀 1개, 낫토에 들어 있는 간장, 연겨자 약간

2) 채소멸치볶음
소송채 1/2단(80g), 멸치 10g, 식용유 1작은술, 청주 1작은술, 소금 약간

🍳 만드는 방법

1) 우메낫토밥

1 우메보시는 씨를 제거하고 칼로 대충 다져요.

2 낫토는 점성이 생길 때까지 젓가락으로 휘저은 뒤 간장과 연겨자를 넣고 고루 섞어요.

3 그릇에 밥을 담고 반숙 달걀을 깨뜨려 올린 다음 그 위에 낫토와 우메보시를 얹어요.

2) 채소멸치볶음

1 소송채는 줄기 끝을 잘라내고 3~4cm 길이로 썰어요.

2 식용유를 두른 팬에 소송채와 멸치를 넣고 중불에서 볶아요. 어느 정도 볶아졌으면 청주와 소금을 넣고 살짝 볶은 뒤 그릇에 담아요.

● Point
아침에는 혈당이 높아지기 쉬우므로 당질 함량이 많은 밥의 양은 되도록 줄이는 게 좋아요.

당질 21.4g

오픈샌드위치 플레이트

'빵파'인 당신을 위한 아침 메뉴. 저탄수화물 다이어트의 추천 식재료인 베이컨과 볶은 채소를 빵에 듬뿍 올려 드세요.

재료(1인분)

1) 오픈샌드위치

두툼한 식빵 1장, 베이컨 3장(45g), 애호박 1/4개(50g), 양송이버섯 2~3개(30g), 토마토 20g, 버터 1큰술, 식용유 약간, 소금, 후추 각각 약간

2) 가니쉬

카망베르치즈 30g, 오이 1/3개(30g)

만드는 방법

1) 오픈샌드위치

1 식빵은 구워서 한쪽 면에 버터를 발라요.

2 베이컨은 2~3등분하고, 애호박, 양송이버섯, 토마토는 사방 2cm 크기로 썰어요.

3 식용유를 두른 팬에 베이컨을 넣고 약불에서 바삭해질 때까지 구운 다음 꺼내요.

4 3의 프라이팬을 중불로 키우고 애호박과 양송이버섯을 넣어 볶아요. 어느 정도 볶아졌으면 토마토를 넣고 소금과 후추를 뿌려 살짝 볶아요.

5 그릇에 식빵을 담고 베이컨과 볶은 채소를 얹어요.

2) 가니쉬

카망베르치즈는 반으로 자르고, 오이는 길게 썰어 그릇에 담아요.

● Point

푸짐하게 올린 샌드위치를 한입 물면 짭조름한 베이컨과 토마토의 새콤달콤한 맛이 일품이에요. 토마토는 꼭 사용량을 지켜주세요.

• 시판 아침 식사

아침에 요리할 시간이 없다면 시판 음식을 효율적으로 이용하는 것도 좋은 방법입니다. 식이섬유가 풍부한 채소와 고기, 달걀을 챙겨 먹으면 갑자기 혈당이 오르는 일을 막을 수 있어요.

크루아상 1개(50g)
버터가 듬뿍 들어가 칼로리는 높지만 밀가루 사용량은 적은 편이라 저탄수화물 다이어트에 적합한 빵.

당질 22.9g

치즈 1조각(20g)
치즈는 당질이 낮고 단백질, 칼슘이 풍부해서 추천!

삶은 달걀과 치킨샐러드 1팩(드레싱 포함)
식이섬유, 비타민, 단백질을 섭취할 수 있어요. 당질이 높고 단맛이 나는 콘샐러드는 피하는 것이 좋아요.

당질 24.2g

죽 150g+달걀 1개
+브로콜리싹 약간
(+간장 1작은술)

다이어트고 뭐고 배부르게 밥이 먹고 싶은 날에는 레토르트 죽을 먹어보세요. 영양을 위해 반숙 달걀을 살짝 얹어서요.

그린샐러드 1팩
(첨부된 드레싱 포함)
+생햄 4장(20g)

생햄은 당질이 낮아 추천하는 식품. 채소 위에 올려 샐러드의 볼륨감을 높여주세요.

플레인요거트 1개(112g)

요거트를 고를 때는 '무가당'을 선택하세요. 단맛이 나는 것은 표시된 당질량을 꼭 확인해주세요.

당질 36.7g

참치마요삼각김밥
1개(100g)

속에 들어 있는 재료에 따라 당질량이 달라지므로 꼭 확인하세요. 참치마요삼각김밥 1개의 당질량은 34.5g

● 전골·찜

반찬을 따로 준비할 시간이 없을 때는 재료들을 넣고 끓이기만 하면 되는 전골이나 찜 요리를 만들어 드세요. 따끈한 음식은 대사를 촉진시키는 효과도 있어요.

당질 7.0g

닭고기완자전골

대파와 목이버섯을 넣은 닭고기완자가 정말 쫄깃하고 맛있어요.
아삭아삭한 경수채를 듬뿍 넣고 끓이기만 하면 완성!

재료(1인분)
다진 닭고기 100g, 건목이버섯 20g[1], 경수채 1/2단 (100g)
완자 반죽 다진 대파 2큰술, 생강즙 약간, 물 1큰술, 청주, 녹말 각각 1작은술, 소금 약간
국물
육수 2컵, 청주 1/2큰술, 간장, 소금 각각 1/2작은술

만드는 방법

1 재료 손질하기
목이버섯은 물에 30분 정도 담가 불린 다음 물기를 빼요. 밑동을 제거하고 잘게 다져요. 경수채는 줄기 끝을 잘라내고 6~7cm 길이로 썰어요.

2 닭고기완자 만들기
볼에 다진 고기와 목이버섯, 완자 반죽 재료를 넣고 치댄 다음 3등분해서 동글동글하게 빚어요.

3 완자 익히기
냄비에 육수를 붓고 중불에서 가열하다가 끓어오르면 국물 재료를 넣어요. 다시 끓기 시작하면 완자를 넣고 뚜껑을 덮은 뒤 약불에서 10분 정도 끓여요.

4 완성
3에 경수채를 넣고 살짝 끓여요.

---

[1] 물에 불린 후의 정미량. 불리기 전에는 5g.

당질
6.1g

돼지고기김치전골

저탄수화물 다이어트에서는 삼겹살을 마음껏 먹을 수 있어요.
김치와 미나리의 향이 어우러진 맛있는 일품요리예요.

재료(1인분)
얇게 썬 돼지고기 삼겹살 100g, 두부 1/3모(100g), 배추김치 50g, 미나리 1/2단(50g), 물 2컵, 청주 1큰술, 참기름 1작은술
양념 간장 1작은술, 소금 약간

만드는 방법

1 재료 손질하기
돼지고기는 5cm 길이로 썰고, 두부는 반으로 잘라요. 김치는 2~3cm 두께로, 미나리는 5~6cm 길이로 썰어요.

2 끓이기
냄비에 물을 붓고 중불에서 가열하다가 끓기 시작하면 돼지고기를 넣어요. 다시 끓으면 약불로 줄이고 거품을 걷어낸 다음 청주를 넣어요. 뚜껑을 덮고 10분 정도 끓여요.

3 양념하기
불을 중불로 키우고 김치, 두부를 넣어 3~4분 정도 더 끓여요. 양념 재료와 미나리를 넣고 살짝 끓인 뒤 참기름을 뿌려요.

● **Point**
당질이 낮은 재료들을 푸짐하게 넣어 속이 든든해요. 따끈한 국물과 함께 먹는 삼겹살 덕분에 포만감도 오래 지속되지요.

당질 7.5g

돼지고기샤브샤브찜

재료를 넣고 찌기만 하면 되는 찜 요리는 쉽고 간편한 데다 식품의 영양도 잘 지켜줘요.
잘 익힌 돼지고기와 채소를 폰즈소스에 찍어 드세요.

재료(1인분)
얇게 썬 돼지고기 등심 100g, 무 80g, 두묘 50g, 팽이버섯 1/2봉(50g), 청주 1큰술, 물 3큰술
참깨폰즈소스 참깨 1작은술, 생강즙 약간, 식초, 육수 각각 1큰술, 간장 2/3큰술

만드는 방법

1 재료 손질하기
무는 껍질을 벗긴 뒤 필러로 길고 얇게 썰고, 두묘와 팽이버섯은 밑동을 잘라내요.

2 익히기
프라이팬에 무와 두묘, 팽이버섯을 넣고 그 위에 돼지고기를 펼쳐 올려요. 청주와 물을 넣은 다음 중불로 가열해요. 끓기 시작하면 뚜껑을 덮고 약불에서 6~7분 정도 익혀요.

3 참깨폰즈소스 만들기
재료를 찌는 동안 볼에 참깨폰즈소스 재료를 넣고 잘 섞어요.

4 완성
돼지고기가 익으면 불에서 내리고 폰즈소스를 곁들여요.

● Point
단맛이 강하고 당질이 높은 시판 폰즈소스 대신 당질이 낮은 폰즈소스를 직접 만들어 사용해보세요.

당질 9.0g

만가닥버섯불고기

저당질 재료들이 맛있게 어우러진 다이어트 추천 메뉴예요.
채소를 듬뿍 넣어 비타민과 미네랄, 식이섬유도 섭취할 수 있어요.

재료(1인분)
불고기용 소고기 100g, 만가닥버섯 1팩(100g), 부추 30g, 양파 1/2개(60g), 참깨 1/2작은술, 고춧가루 약간
밑간 다진 대파 1큰술, 다진 마늘 약간, 간장 1큰술, 청주, 참기름 각각 1/2큰술

만드는 방법

1 소고기 밑간하기
볼에 소고기를 넣고 밑간 재료를 넣어 잘 버무린 다음 10분 정도 재워둬요.

2 나머지 재료 손질하기
만가닥버섯은 밑동을 제거한 뒤 가닥가닥 찢고, 부추는 3~4cm 길이로 썰고, 양파는 1cm 두께로 썰어요.

3 섞기
양념한 소고기에 만가닥버섯과 양파를 넣고 고루 섞어요.

4 볶기
프라이팬에 3을 넣고 센 불에서 뭉치지 않게 볶아요. 양파의 숨이 죽으면 부추를 넣고 살짝 볶은 다음 참깨와 고춧가루를 넣고 잘 섞어요.

● **Point**
설탕 대신 양파를 넣어 자연스러운 단맛을 살리고 당질을 낮춰주세요. 참깨와 고춧가루로 맛의 깊이를 더해주세요.

• 미리 만들어두는 반찬

언제든지 바로 꺼내 당질 제한 요리를 만들 수 있도록 고기 반찬을 미리 만들어보세요. 그대로 먹어도 되고, 요리에도 다양하게 활용할 수 있어 정말 좋아요.

삶은 돼지고기

소금을 뿌려 재워놓으면 고기의 감칠맛이 응축되어 더욱 맛있어집니다.
샌드위치나 볶음 요리에 사용해도 좋고 썰어서 와인 안주로 곁들여도 좋아요.

재료(만들기 쉬운 분량)
돼지고기 목심 400g, 생강 껍질 1쪽 분량, 대파 잎 부분 1대, 소금 1과 1/2~2큰술(8~12g), 청주 2큰술

만드는 방법

1 재료 손질하기
돼지고기 덩어리를 조리용 실이나 명주실로 묶어요. 지퍼백에 넣고 소금을 뿌려요. 지퍼백에 담은 채로 손으로 주물러 소금을 고루 묻힌 다음 밀봉해요. 냉장고에서 1~2일 재워둬요.

2 물로 씻기
재워놓은 고기를 냉장고에서 꺼내 2시간 정도 실온에 둔 다음 물로 씻어 표면의 소금을 제거해요.

3 삶기
지름 18cm 정도의 냄비에 돼지고기와 물 3~4컵, 생강 껍질, 대파의 푸른 잎, 청주를 넣고 중불에서 가열해요. 끓기 시작하면 약불로 줄이고 거품을 걷어낸 다음 40분 정도 삶아요. 삶은 물에 그대로 담가서 식혀요.

보존법
생강 껍질과 대파를 건져내요. 고기는 명주실을 제거한 다음 삶은 물과 함께 밀폐 용기에 담아 냉장 보관해요. 5~6일 냉장 보관이 가능해요.

당질 30.0g

삶은 돼지고기 샌드위치

아침은 물론, 점심 메뉴로도 간편해서 좋아요. 샌드위치 속에 돼지고기와 채소를 듬뿍 채워 맛과 영양을 동시에 챙기세요.

재료(1인분)
삶은 돼지고기 80g, 샌드위치용 식빵 2장, 토마토 30g, 양상추 2~3장(30g), 버터 1큰술, 씨겨자 1/2큰술, 마요네즈 1큰술

만드는 방법
1 삶은 돼지고기는 3mm 두께로, 토마토는 5mm 두께로 얇게 썰어요.

2 식빵 모두 한쪽 면에 버터를 골고루 펴 발라요.

3 버터를 바른 식빵 위에 양상추를 올리고 마요네즈를 발라요. 삶은 돼지고기와 토마토를 올리고 나머지 식빵을 얹어요. 손으로 살짝 눌러 3등분한 뒤 그릇에 담아요.

● Point
당질 제한을 위해 두께가 얇은 샌드위치용 식빵을 사용해주세요. 나머지 다른 재료를 듬뿍 넣어 양을 푸짐하게 만들어줍니다.

당질 3.2g

삶은 돼지고기와 아보카도소테

'숲의 버터'라고 불리는 아보카도를 넣어 영양 만점! 부드러운 과육이 고기와 맛있게 어우러져요.

재료(1인분)
삶은 돼지고기 80g, 아보카도 1/2개(100g), 새송이버섯 1개(60g), 올리브유 1큰술, 화이트와인 1큰술, 소금, 후추 각각 약간

만드는 방법
1 삶은 돼지고기는 1cm 두께로 썬 뒤 다시 사방 1.5cm 크기로 썰어요. 아보카도는 씨와 껍질을 제거하고 2cm 크기로 깍둑썰기 해요. 새송이버섯은 밑동을 제거하고 세로로 4등분한 다음 2cm 두께로 썰어요.

2 올리브유를 두른 팬에 삶은 돼지고기와 새송이버섯을 넣고 중불에서 볶아요. 돼지고기가 노릇하게 색이 나면 아보카도를 넣고 같이 볶아요.

3 어느 정도 볶아졌으면 화이트와인, 소금, 후추를 뿌리고 살짝 볶아 그릇에 담아요.

● Point
한 접시로 단백질과 비타민, 식이섬유를 모두 섭취할 수 있는 훌륭한 저당질 메뉴랍니다.

구운 돼지고기

고기에 밑간이 충분히 배도록 한 뒤 프라이팬에서 노릇하게 구워요.
단백질과 지방을 섭취해 에너지 소비를 촉진시켜주세요.

재료 (만들기 쉬운 분량)
돼지고기 목심 400g, 생강, 마늘 각각 1쪽, 대파 잎 부분 2대, 라칸토S(p.11) 1큰술, 간장 2큰술, 식용유 1/2큰술, 청주 1큰술, 물 3큰술
밑간 청주 1/2큰술, 소금 1/4작은술, 간장 1큰술

만드는 방법

1 재료 손질하고 밑간하기
돼지고기 덩어리를 조리용 실이나 명주실로 묶은 다음, 꼬치를 이용해 여기저기 찔러 구멍을 내요. 생강은 얇게 저미고, 마늘은 세로로 반 잘라요. 볼에 돼지고기, 생강, 마늘, 대파, 밑간 재료를 넣고 섞어요. 랩을 씌워 냉장고에 넣고 하룻밤 숙성시켜요.

2 굽기
1에서 생강, 마늘, 대파를 꺼내요. 식용유를 두른 팬에 돼지고기를 넣고 중불에서 굴려가면서 골고루 익혀요. 청주와 물을 넣고 뚜껑을 덮은 뒤 이따금 위아래를 뒤집어주면서 약불에서 30~40분 정도 더 익혀요.

3 완성
2에 라칸토S와 간장을 뿌려 골고루 묻혀요.

보존법
돼지고기를 묶은 명주실을 제거하고 식혀요. 조미액과 같이 밀폐 용기에 담아 냉장고에 넣으면 5~6일 정도 보관할 수 있어요.

당질 **3.7g**

당질 **10.0g**

파를 곁들인 구운 돼지고기

두반장을 곁들여 맛과 색에 포인트를 주세요. 안주나 손님 초대 요리로도 그만이에요.

재료(1인분)
구운 돼지고기 80g, 대파 3cm, 고수 약간, 두반장 약간

만드는 방법
1 구운 돼지고기는 5mm 두께로 썰어요.

2 대파는 세로로 반 잘라 얇게 채 썬 뒤 찬물에 잠시 담근 다음 물기를 빼요.

3 그릇에 구운 돼지고기를 담고 대파를 올린 다음 고수와 두반장을 곁들여요.

● Point
모든 재료가 저당질 식품! 두반장의 매운 캡사이신 성분에는 지방 대사를 촉진하는 효과가 있어요.

구운 돼지고기를 넣은 양상추스프링롤

쌀가루와 타피오카가루로 만든 라이스페이퍼는 1장의 당질량이 약 8g으로 매우 낮은 편이에요. 속재료를 듬뿍 넣어 맛있게 즐겨보세요.

재료(1인분)
구운 돼지고기 40g, 라이스페이퍼 1장(10g), 양상추 1장(10g)

만드는 방법
1 구운 돼지고기는 두께 5mm, 길이 4~5cm로 썰고, 양상추는 3cm 두께로 썰어요.

2 40℃ 물에 라이스페이퍼를 잠시 담갔다가 꺼내 도마에 올려요. 그 위에 양상추와 구운 돼지고기를 올려 한번 말아준 뒤 양옆을 안으로 접어 돌돌 말아요. 4등분해서 그릇에 담아요.

● Point
속재료는 두 가지뿐이지만 양을 듬뿍 넣어 포만감이 느껴져요. 취향에 따라 마요네즈를 찍어 먹어도 좋아요.

요거트된장절임치킨

바삭하게 구운 닭고기를 미소된장과 요거트 양념에 재운 요리예요.
새콤달콤한 요거트가 구운 닭고기의 맛을 한층 더 살려줍니다.

재료(만들기 쉬운 분량)
닭다리살 600g, 식용유 약간
양념 미소된장 40g, 플레인요거트 80g

만드는 방법

1 닭고기 굽기
닭고기는 껍질 반대쪽에 4~5군데 칼집을 내 힘줄을 끊은 뒤 식용유를 두른 팬에 껍질이 닿도록 올려요. 내열 접시를 올려 닭고기를 눌러주면서 중약불에서 5~6분 정도 구워요. 노릇하게 구워지면 접시를 치우고 뒤집어서 4~5분 정도 더 구운 다음 꺼내요.

2 양념 재료 섞기
볼에 양념 재료를 넣고 잘 섞어요.

3 재우기
구운 닭고기가 식으면 사방 3~4cm 크기로 썰어 2에 넣고 고루 섞어요.

보존법
밀폐 용기에 담아 냉장고에 넣으면 4~5일 보관할 수 있어요.

당질 5.1g

당질 29.8g

데친 배추와 요거트된장절임치킨

데친 배추에 새콤달콤한 치킨과 오크라를 올려 싸 먹는 요리예요. 절묘한 맛의 조화를 느껴보세요.

재료(1인분)
요거트된장절임치킨 3덩어리(60g), 배추 3장(100g), 오크라 3개(30g)

만드는 방법

1 요거트된장절임치킨은 각각 반으로 자르고, 배추는 길이를 반으로 잘라요.

2 끓는 물에 배추를 넣고 데친 다음 체에 펼쳐 식히면서 물기를 빼요.

3 이어서 끓는 물에 오크라를 살짝 데친 뒤 찬물에 담갔다가 꺼내 물기를 빼요. 꼭지를 떼고 세로로 반 잘라요.

4 그릇에 배추를 올리고 오크라와 치킨을 얹어요.

● Point
치킨을 오크라와 함께 배추에 싸 먹는 재미가 있어요. 맛과 영양은 물론, 포만감도 느껴져요.

요거트된장절임치킨을 넣은 네모김밥

치킨의 맛이 밥에 쏙쏙 스며들어 정말 맛있어요. 아삭아삭한 양배추의 식감이 포인트예요.

재료(1인분)
요거트된장절임치킨 3덩어리(60g), 따뜻한 밥 70g, 양배추 1장(30g), 구운 김 1장

만드는 방법

1 양배추는 얇게 채 썰어요.

2 김을 마름모꼴로 놓고 가운데에 밥의 절반을 올려 사방 8cm 정도로 펼쳐요. 양배추와 요거트된장절임치킨을 얹고 남은 밥의 절반을 올려 펼쳐요.

3 위쪽 김 모서리에 밥풀(분량 외)을 조금 묻혀요. 양쪽 모서리를 안으로 접고 아래쪽 모서리를 위로 접은 뒤 위쪽 모서리를 아래로 접어 붙여요. 뒤집어 모양을 정리한 뒤 반으로 잘라 그릇에 담아요.

● Point
밥의 양이 적어도 속재료를 듬뿍 넣어 김으로 말아주면 한 끼 식사로도 충분한 네모김밥이 됩니다.

연어플레이크

연어플레이크가 있으면 언제든 맛있는 요리가 가능해요.
차가운 두부에 올려 먹어도 좋고 채소샐러드에 넣어도 맛있어요.

재료(1인분)
염장 연어(저염) 300g, 생강 1쪽, 청주 1큰술, 검은깨 2큰술

만드는 방법

1 연어 굽기
양면 생선 그릴에 연어를 올리고 중불에서 6~7분 정도 구워요. 단면 그릴인 경우는 3~4분 정도 구운 다음 뒤집어서 3~4분 더 구워요.

2 연어 부수기
1의 연어가 식으면 껍질과 가시를 발라내고 큼직하게 부숴요. 연어 껍질은 얇게 채 썰어요.

3 완성
생강은 껍질을 벗기고 채 썰어요. 볼에 잘게 부순 연어와 연어 껍질, 생강, 청주를 넣고 잘 섞은 다음 깨를 뿌려요.

보존법
밀폐 용기에 담아 냉장고 넣어두면 4~5일 보관할 수 있어요.

당질 **27.1g**

당질 **4.5g**

연어플레이크비빔밥

쫄깃하고 맛있는 생표고버섯과 향긋한 깻잎을 넣어 더 맛있어요.

재료(1인분)
연어플레이크 40g, 따뜻한 밥 70g, 생표고버섯 3개(60g), 깻잎 2장

만드는 방법
1 표고버섯은 기둥을 떼어내고 알루미늄 호일을 깐 오븐팬에 버섯 갓 안쪽이 위를 향하게 올려요. 오븐에서 7~8분 정도 구운 다음 꺼내 식으면 얇게 썰어요.

2 깻잎은 줄기를 떼어내고 세로로 4등분한 후 얇게 채 썰어요.

3 볼에 밥과 연어플레이크, 표고버섯, 깻잎을 넣고 고루 섞어요.

● Point
전체적으로 간이 짜면 밥을 많이 먹게 되므로 표고버섯과 깻잎을 넣어 양을 늘리고 짜지 않게 만들어주세요.

연어플레이크를 올린 구운 가지

가지는 기름에 구우면 더욱 부드럽고 맛있어져요. 당질은 낮고 포만감은 뛰어난 다이어트 메뉴예요.

재료(1인분)
연어플레이크 40g, 가지 2개(140g), 식용유 1큰술

만드는 방법
1 가지는 꼭지를 떼어내고 세로로 반 자른 다음 껍질에 격자무늬로 칼집을 넣고 길이를 반으로 잘라요.

2 식용유를 두른 팬에 가지 껍질이 팬에 닿게 넣고 중불에서 2분 정도 구워요. 불을 약간 줄이고 뚜껑을 덮은 채로 3분 정도 굽고, 뒤집어서 뚜껑을 덮고 3~4분 더 구워요.

3 2에 연어플레이크를 넣고 살짝 볶아 그릇에 담아요.

● Point
가지를 기름에 구워 포만감이 오래 지속돼요. 선명한 보라색이 식탁을 화사하게 만들어주기도 하지요.

당질 1.1g (1인분)

명란톳볶음

반찬이 부실하다 싶을 때는 명란톳볶음을 미리 만들어 식탁에 올려보세요.
꼬들꼬들하고 오독오독한 톳의 식감이 먹는 즐거움을 더해줍니다.

재료(만들기 쉬운 분량 _4인분)
톳(건조) 200~250g[1], 명란 1개(100g), 홍고추 2개, 올리브유 2큰술, 청주 1큰술, 소금, 후추 각각 약간

만드는 방법

1 톳 손질하기
톳은 물에 씻은 뒤 충분한 양의 물에 20분 정도 담가 불려요(제품 포장지에 표시된 시간 참고). 체에 밭쳐 물기를 빼고 5~6cm 길이로 썰어요.

2 나머지 재료 손질하기
명란은 껍질에 칼집을 내 알만 긁어내고, 홍고추는 씨를 제거하고 어슷썰기 해요.

3 볶기
프라이팬에 올리브유를 두르고 홍고추를 약불에서 볶아요. 고추향이 나기 시작하면 중불로 키우고 톳을 넣어 같이 볶아요. 어느 정도 볶아졌으면 명란을 넣어 볶고, 명란의 색이 변하면 청주, 소금, 후추를 넣고 살짝 볶아요.

보존법
열을 식힌 후 밀폐 용기에 담아 냉장고에 넣으면 5~6일 보관할 수 있어요.

● **Point**
철분과 식이섬유를 동시에 섭취할 수 있어 좋아요. 명란의 단백질로 에너지 보충도 가능하지요.

---

[1] 물에 불린 후의 정미량. 불리기 전에는 약 50g.

당질 0.5g (1인분)

콩나물카레볶음

고기나 생선 요리에 곁들여도 좋아요.
콩나물은 당질 0g이므로 아무리 먹어도 걱정 없어요.

재료(만들기 쉬운 분량_4인분)
콩나물 2봉(400g), 올리브유 3큰술, 카레가루 2작은술, 청주 1큰술, 소금 1/2작은술

만드는 방법

1 콩나물 손질하기
콩나물은 뿌리를 다듬고 물에 씻은 다음 체에 밭쳐 물기를 빼요.

2 볶기
올리브유를 두른 팬에 콩나물을 넣고 센 불에서 30초 정도 볶아요. 어느 정도 볶아졌으면 카레가루를 넣고 살짝 볶은 뒤 청주와 소금을 뿌리고 볶아요.

보존법
열을 식힌 후 밀폐 용기에 담아 냉장고에 넣으면 5~6일 보관할 수 있어요.

● Point
콩나물 반찬은 양도 푸짐하고 아삭한 식감도 좋아서 부담 없이 먹을 수 있는 다이어트 메뉴예요. 콩나물 대신 숙주를 사용해도 좋아요.

PART - 4

다이어트 중에 술과 디저트를 먹어도 괜찮아요.
술을 마실 때는 함께 먹는 술안주의 재료와 양념에 주의하고,
디저트는 당질이 낮은 감미료를 사용해야 합니다.

SIDE DISH·SWEETS

●

혈당을 올리지 않는
술안주와 디저트 레시피

DIET-RECIPE

●
술안주·디저트

먹고 싶은 술과 디저트를 즐기면서 다이어트를 할 수 있긴 하지만
지켜야 할 게 있어요. 맥주나 사케처럼 곡물로 만든 술은 당질 함량이 높아 NG!
특히 맥주는 '물로 마시는 탄수화물'이라고 해도 과언이 아닙니다.
디저트는 저당질의 **천연감미료**와 **콩비지** 등을 이용해
건강하고 맛있게 만들어 드세요.

● 술안주

당질이 낮은 식재료에 올리브유나 치즈를 곁들여 깊은 맛을 더해주거나, 색다른 양념으로 포인트를 주는 것이 당질 제한 술안주 요리의 비결이에요.

당질 8.7g

새우버섯아히요

새우와 버섯에 올리브유로 깊은 맛과 향을 더하면 맛있는 안주로 대변신!
마늘향과 올리브유의 감칠맛을 살린 안주 메뉴예요.

재료(1인분)
새우 70g[1], 양송이버섯 4개(60g), 마늘 2쪽, 홍고추 2~3개, 다진 파슬리 2큰술, 올리브유 4큰술, 소금, 후추 각각 약간, 바게트 1.5cm(15g)

만드는 방법

1 재료 손질하기
새우는 등 쪽에 칼집을 내 내장을 제거하고 물에 씻은 뒤 키친타월로 물기를 닦아요. 양송이버섯과 마늘은 각각 세로로 반 잘라요.

2 바게트 굽기
바게트는 얇게 썰어 프라이팬이나 오븐에서 살짝 구워요.

3 볶기
올리브유를 두른 팬에 마늘을 넣고 약불에서 볶아요. 마늘향이 나면 중불로 키우고 새우, 양송이버섯, 홍고추를 넣어 같이 볶아요.

4 양념하기
새우의 색이 변하면 파슬리와 소금, 후추를 뿌려 섞은 다음 그릇에 담고 바게트를 곁들여요.

● **Point**
당질이 걱정되는 바게트를 너무 많이 먹지 않는 것이 포인트예요. 바게트는 소량만 사용해주세요.

---

[1] 정미량. 껍질을 까지 않은 새우는 80g을 준비해요.

당질 **5.7g**

당질 **0.6g**

닭오돌뼈튀김

고소하게 튀긴 닭오돌뼈에 매콤하고 고소한 맛을 더했어요. 오도독오도독 씹는 맛과 포만감까지 챙기세요.

재료(1인분)
닭오돌뼈 80g, 녹말 1작은술, 튀김 기름 적당량, 참깨 약간, 물냉이 1줄기
양념 맛술, 간장 각각 1작은술, 고춧가루 약간

만드는 방법
1 튀기기
닭오돌뼈는 불필요한 지방을 제거한 뒤 녹말을 얇게 묻혀요. 180℃ 튀김 기름에 닭오돌뼈를 넣고 바삭해질 때까지 2분 정도 튀겨요.

2 양념하기
볼에 양념 재료를 넣고 고루 섞은 다음 튀긴 닭오돌뼈를 넣고 버무려요. 참깨를 뿌리고 그릇에 담은 뒤 물냉이를 곁들여요.

● Point
맛술과 간장은 조금만 사용하세요. 튀기자마자 뜨거울 때 양념을 묻히면 맛이 잘 배어들어요.

문어마요네즈볶음

문어는 저탄수화물 다이어트에서 추천하는 식재료예요. 진한 마요네즈에 버무려 고소하고 쫄깃한 맛을 즐겨보세요.

재료(1인분)
데친 문어 다리 80g, 식용유 1작은술, 마요네즈 1큰술, 소금 약간, 와사비 1/2작은술

만드는 방법
1 재료 손질하기
문어는 3cm 두께로 썰어요.

2 볶기
식용유를 두른 팬에 문어를 넣고 중불에서 볶아요. 어느 정도 볶아졌으면 마요네즈와 소금을 넣고 잘 섞은 다음 와사비를 추가해 살짝 볶은 뒤 그릇에 담아요.

● Point
문어를 와사비 간장에 찍어 먹으면 권장당질량을 초과할 수 있어요. 소금과 와사비로 양념해 당질량을 낮춰주세요.

당질 3.5g

당질 1.0g

카망베르치즈딥

사르르 녹은 치즈에 싱싱한 채소를 듬뿍 찍어 드세요. 치즈는 당질 제한식에 좋은 식재료예요.

재료(1인분)
카망베르치즈 1/2개(60g), 엔다이브(꽃상추의 일종) 6장(60g), 래디시 2개, 방울토마토 2개, 굵은 후추 약간

만드는 방법

1 치즈 녹이기
내열 용기에 카망베르치즈를 넣고 오븐에서 8~10분 정도 구워 녹여요.

2 나머지 재료 손질하기
엔다이브는 잎을 1장씩 떼어놓고, 래디시는 줄기를 3cm 정도만 남겨두고 잘라요.

3 완성
녹은 치즈에 굵은 후추를 뿌린 뒤 엔다이브, 래디시, 방울토마토를 곁들여요.

● Point
냉장고 속 남은 채소를 마음껏 활용해 먹어도 좋아요. 그중에서도 당질이 낮은 셀러리나 오이 등을 추천해요.

폰즈소스를 뿌린 쇠심줄

부드럽게 데친 쇠심줄에 폰즈간장소스를 곁들여보세요. 산뜻하고 맛있는 별미 안주가 완성됩니다.

재료(만들기 쉬운 분량_4인분)
쇠심줄 200g, 쪽파 1뿌리(20g) **데치는 물** 생강 껍질 약간, 대파 잎 부분 5cm, 물 2컵, 청주 1큰술, 소금 약간 **폰즈간장** 육수 2큰술, 식초, 간장 각각 1큰술

만드는 방법

1 쇠심줄 손질하기
끓는 물에 쇠심줄을 넣고 5분 정도 데친 뒤 찬물에 담가 식히고 불필요한 지방을 제거해요. 냄비에 쇠심줄과 데치는 물 재료를 넣고 중불에서 가열해요. 끓기 시작하면 뚜껑을 덮고 약불에서 30분 정도 끓여요. 데친 물에 담근 채로 식힌 뒤 힘줄을 건져내 물기를 빼고 먹기 좋은 크기로 썰어요.

2 완성
볼에 폰즈간장 재료를 넣고 잘 섞어요. 그릇에 쇠심줄과 송송 썬 쪽파를 담고 폰즈간장소스를 뿌려요.

● Point
시판 폰즈간장에는 감미료가 첨가되어 당질이 높으므로 피하는 게 좋아요.

당질
1.4g

훈제연어카르파초

화이트와인에 잘 어울리는 가벼운 안주예요. 올리브유와 레몬을 넣어 풍미와 상큼함을 더했어요.

재료(1인분)
훈제연어 50g, 베이비채소 10g, 다진 양파 1큰술, 다진 파슬리 1작은술, 굵은 후추 약간, 올리브유 1/2큰술, 레몬 1조각

만드는 방법
1 담기
그릇에 베이비채소를 깔고 반으로 자른 훈제연어를 올려요. 양파, 파슬리, 굵은 후추, 올리브유를 순서대로 뿌리고 레몬을 곁들여요. 먹기 전에 레몬즙을 짜서 먹어요.

● Point
훈제연어는 당질이 아주 낮은 식재료예요. 양질의 단백질 외에 항산화 효과로 유명한 아스타산틴 성분도 풍부하지요.

당질
3.4g

애호박안초비구이

안초비의 짭조름하고 진한 풍미가 음식 맛을 더욱 살려줘요. 소량의 토마토와 양파로 건강한 단맛을 더했어요.

재료(1인분)
애호박 1/2개(80g), 안초비(필레) 2개, 생표고버섯 1개(20g), 다진 토마토 2큰술, 다진 양파 1큰술, 올리브유 1큰술, 소금, 후추 각각 약간

만드는 방법
1 재료 손질하기
애호박은 세로로 반 자른 뒤 뒹굴지 않도록 필러로 껍질을 살짝 벗겨 바닥에 놓아요. 숟가락으로 씨 있는 부분을 파내어 잘게 다져요. 안초비와 기둥을 잘라낸 표고버섯을 다져요.

2 섞기
볼에 다진 애호박과 안초비, 표고버섯, 토마토, 양파, 올리브유를 넣고 소금과 후추를 뿌려 고루 섞어요.

3 굽기
오븐 팬에 애호박을 올리고 2를 채워요. 오븐에 넣고 노릇해질 때까지 8~10분 정도 구워 그릇에 담아요.

● Point
당질이 약간 높은 토마토와 양파는 조금만 넣어주세요.

당질 6.3g

당질 0.6g

아보카도딥

지방질과 영양가가 풍부한 아보카도는 콜레스테롤을 낮추고 피부 미용에도 도움이 돼요. 채소를 찍어 건강한 맛을 즐겨보세요.

재료(1인분)
아보카도 1/2개(100g), 오이 1/2개(50g), 순무 1/2개(50g), 레몬즙 1/2큰술
양념 다진 토마토 2큰술, 올리브유 1큰술, 소금 1/5작은술, 후추 약간

만드는 방법
1 재료 손질하기
오이는 길쭉하게 마구썰기를 해요. 순무는 줄기를 3cm 정도만 남기고 껍질을 벗긴 다음 세로로 3등분해요.

2 아보카도 손질하기
아보카도는 씨와 껍질을 제거하고 볼에 담아 포크로 잘게 으깨요. 레몬즙을 뿌리고 양념 재료와 잘 섞어요.

3 완성
그릇에 아보카도를 담고 오이와 순무, 방울토마토를 곁들여요.

● Point
당질이 낮은 아보카도를 사용해 포만감이 느껴지는 딥소스를 만들어보세요. 소량의 토마토를 첨가하면 단맛과 깊은 맛이 더해집니다.

열빙어치즈구이

단백질과 칼슘을 동시에 섭취할 수 있는 훌륭한 안주예요. 매콤한 맛을 더해 느끼하지 않고 더욱 맛있어요.

재료(1인분)
알배기 열빙어 3마리(75g), 슬라이스치즈 2장(36g), 다진 파슬리, 다진 홍고추 각각 약간

만드는 방법
1 재료 손질하기
치즈는 2장을 겹쳐 3등분해요.

2 굽기
오븐 팬에 열빙어를 올리고 치즈를 얹어요. 오븐에서 치즈가 녹을 때까지 7~8분 정도 구워요. 그릇에 담고 파슬리와 홍고추를 뿌려요.

● Point
당질 함량이 낮은 열빙어와 치즈의 조합으로 걱정 없이 먹을 수 있는 안주랍니다. 든든해서 포만감도 오래 지속돼요.

주류에 함유된 당질량

당질 제한 다이어트는 '술도 마실 수 있는 다이어트'라고 하지만, 당질이 높은 사케나 맥주, 단맛이 나는 칵테일 등은 피하는 것이 좋습니다. 대신 당질이 낮은 소주나 드라이한 와인은 괜찮아요. 당질이 아무리 낮아도 과음은 금물이에요.

당질이 낮아 추천!

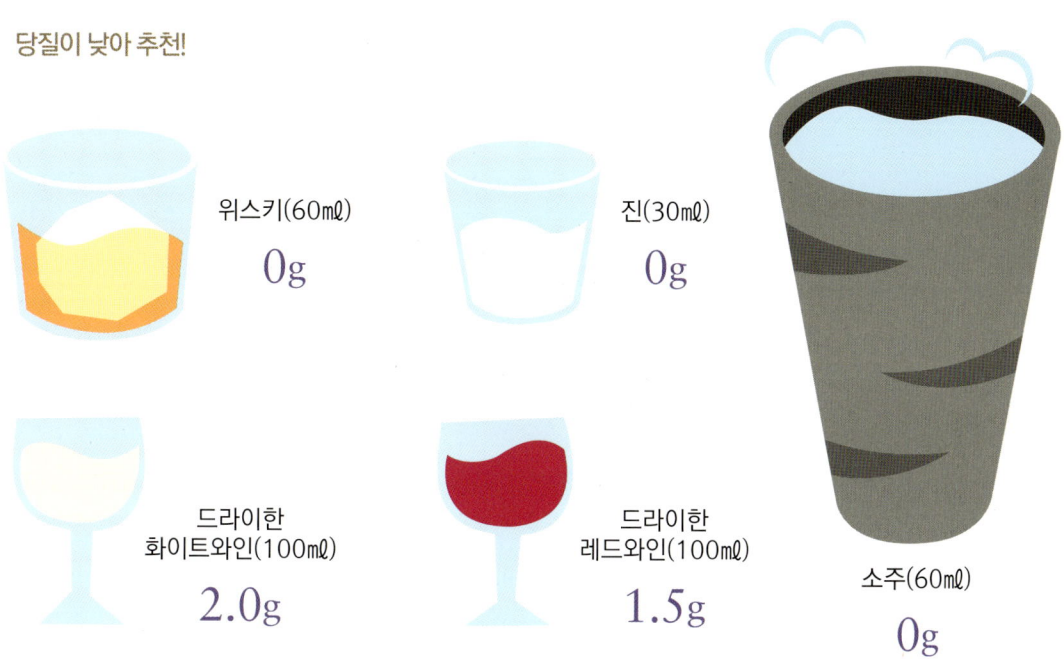

- 위스키(60㎖) 0g
- 진(30㎖) 0g
- 드라이한 화이트와인(100㎖) 2.0g
- 드라이한 레드와인(100㎖) 1.5g
- 소주(60㎖) 0g

당질이 높아 NG!

- 사케(혼죠조·180㎖) 8.1g
- 맥주(350㎖) 10.9g
- 발포주(350㎖) 12.5g

• 디저트

다이어트 중이라도 단것에 대한 유혹은 뿌리치기 힘든 법이지요. 그럴 때는 당질을 낮춰도 달고 맛있는 간식을 만들어 드세요. 설탕 대신 천연감미료를 사용해 만들기 때문에 혈당에 영향을 미치지 않아요.

당질 8.6g (1인분)

초콜릿요거트무스

시중에 파는 저당질 초콜릿을 사용하세요.
카카오의 쌉싸름한 향과 요거트의 새콤함이 부드럽게 어우러져요.

재료(2인분)
시판 초콜릿(카카오 72%) 30g, 플레인요거트 100g, 물 1큰술, 젤라틴 가루 1작은술, 생크림 1/3컵, 라칸토S(커피용) 30g

만드는 방법

1 젤라틴 녹이기
내열 용기에 물을 담고 젤라틴 가루를 뿌려 10분 정도 불린 다음 전자레인지(600W)에서 녹여요.

2 초콜릿 녹이기
분량의 초콜릿은 잘게 다져서 별도의 내열 용기에 담고, 40℃ 물에서 5분 정도 중탕하여 초콜릿을 녹여요.

3 섞기
볼에 플레인요거트와 젤라틴을 섞은 뒤 녹인 초콜릿을 넣어 거품기로 잘 섞어요. 얼음물 속에 볼을 넣고 걸쭉해질 때까지 저어요.

4 식혀 굳히기
다른 볼에 생크림과 라칸토S를 넣고 거품기로 섞어요. 걸쭉해지면 3에 넣어 섞은 뒤 그릇에 담아 냉장고에서 2시간 정도 차게 식혀요. 얇게 썬 초콜릿을 올려 장식해요.

● Point
카카오의 쌉싸름한 맛과 향이 고루 퍼질 수 있도록 잘 녹여주세요.

당질 0.6g (1개)

콩비지쿠키

바삭한 식감과 버터의 풍미가 살아 있는 쿠키.
당질이 매우 낮아 안심하고 먹을 수 있어요.

재료(10인분)
생콩비지 50g, 버터(무염) 60g, 아몬드파우더 50g, 시나몬파우더 1/2작은술, 베이킹파우더 1/2작은술, 라칸토S(커피용) 50g, 달걀흰자 1개 분량

만드는 방법

1 버터 준비하기
버터는 말랑해지도록 볼에 담아 실온에 꺼내두세요.

2 재료 혼합하기
다른 볼에 아몬드파우더, 시나몬파우더, 베이킹파우더를 넣고 거품기로 잘 섞어요.

3 반죽하기
버터에 라칸토S를 2번에 나누어 넣고 고무주걱으로 섞어요. 그다음 2와 콩비지를 넣고 고루 섞어요. 마지막으로 달걀흰자를 넣고 다시 섞어요.

4 굽기
3의 반죽을 10등분하여 지름 3cm 정도로 동그랗게 빚은 뒤 손바닥에 올려놓고 눌러 평평하게 만들어요. 오븐용 시트를 깐 오븐 팬에 올린 뒤 포크로 눌러 격자무늬를 만들어요. 160℃로 가열한 오븐에서 노릇한 색이 날 때까지 25~30분 정도 구워요.

● Point
당질이 높은 밀가루 대신 콩비지와 아몬드파우더를 사용하는 것이 포인트! 밀가루보다 훨씬 고소해요.

당질 0.9g (1인분)

커피젤리

저당질 생크림을 듬뿍 넣어 달콤하면서도 깊은 맛이 나요.
양식 메뉴 디저트로 최고예요.

재료(2인분)
진하게 내린 뜨거운 아메리카노 250㎖, 물 2큰술, 젤라틴 가루 2작은술, 생크림 4큰술

만드는 방법

1 재료 준비하기
작은 볼에 물을 담고 젤라틴 가루를 넣어 10분 정도 불려요.

2 섞기
뜨거운 커피를 볼에 부은 뒤 젤라틴을 넣어 녹이면서 섞어요.

3 식혀 굳히기
볼을 얼음물에 담가 걸쭉해질 때까지 저어요. 그릇에 담아 냉장고에서 1~2시간 차갑게 식혀 굳힌 다음 생크림을 올려요.

● Point
설탕을 넣지 않은 블랙커피에 젤라틴만 넣었기 때문에 당질 걱정은 할 필요가 없어요.

크렘브륄레

달걀노른자와 우유가 입안에서 살살 녹는 맛이에요.
이런 디저트가 다이어트 메뉴라니!

재료(2인분)
우유 1/3컵, 생크림 1/2컵, 바닐라빈 약간, 달걀노른자 2개 분량, 라칸토S(커피용) 30g, 버터 약간

만드는 방법

1 데우기
냄비에 우유, 생크림, 세로로 반 자른 바닐라빈을 넣고 약불에서 따뜻해질 때까지 데워요.

2 섞기
볼에 달걀노른자를 넣어 거품기로 저어준 뒤 라칸토S를 넣어요. 1을 넣고 섞은 다음 체로 걸러줘요.

3 굽기
내열 용기에 버터를 얇게 바른 뒤 2를 담아 오븐 팬에 올려요. 오븐 팬에 용기가 반쯤 잠기도록 뜨거운 물을 붓고 160℃로 예열된 오븐에서 30분 정도 구워요. 꺼내서 식힌 다음 냉장고에서 2시간 정도 차게 식혀요.

● **Point**
천연감미료인 라칸토S를 사용하면 쉽게 당질을 낮출 수 있어요. 혈당 상승에 대해 걱정하지 않아도 됩니다.

시판 빵·과자류·과일의 당질량

도너츠(1개·100g)
42.4g

구운 치즈케이크(1조각·110g)
25.4g

쇼트케이크(1조각·110g)
47.3g

다이후쿠
(팥소를 넣은 일본 찹쌀떡)
(1개·70g)
35.2g

도라야키(부드러운 빵 사이에 팥소를 넣은
일본의 디저트)(1개·60g)
33.4g

감차칩(1봉·70g)
35.4g

시중에 판매되는 빵, 과자류, 과일은 당질 함량이 높은 편이어서 당질량 10g 이내로 섭취하는 것이 좋습니다. 과일 중 유일하게 추천할 수 있는 건 아보카도예요. 물론 당질을 낮춘 홈메이드 간식이라면 안심하고 먹을 수 있지만요(p.224~227).

딸기(2개·40g)
2.8g

간장맛 쌀과자(3개·20g)
16.5g

오렌지(1개·180g)
16.2g

바나나(1개·80g)
17.1g

사과(1/2개·150g)
21.2g

아보카도(1/2개·100g)
0.9g

귤(1개·75g)
8.3g

키위(1개·100g)
11.0g

Index

식재료별 당질량

육류, 어패류, 대두 제품, 유제품, 채소, 감자류, 버섯, 해조류의 정미량 100g에 함유되어 있는 당질량을 표기했습니다. 주식은 적정량을 함께 표기했고, 주류와 시판 빵·과자류·과일은 알기 쉬운 분량에 해당하는 당질량을, 조미료는 1큰술의 당질량을 표기했습니다.

▼ 정미량 100g 중 당질량

식품 / 당질량(g)

육류

닭고기

닭모래집	0
닭봉	0
다진 닭고기	0
닭가슴살	0
닭다리살	0
닭간	0.6

돼지고기

돼지고기 삼겹살	0.1
다진 돼지고기	0.1
돼지고기 안심	0.3
돼지고기 다리살	0.2
돼지고기 등심	0.2

소고기

소고기 스테이크용	0.4
다진 소고기	0.3
소고기 다리살	0.4
소간	3.7

양고기

양고기 등심	0.2

가공품

생햄	0.5
베이컨	0.3
로스트 비프	0.9
로스햄	1.3

어패류

어패류

바지락	0.4
전갱이	0.1
연어알	0.2
정어리	0.2
새우(블랙타이거)	0.3
굴	4.7
고등어	0.3
삼치	0.1
오징어	0.1
바다참게	0.1
도미	0.1
생성게	3.3
생연어	0.1
생대구	0.1
대합	1.8
방어	0.3
가리비관자	3.5
참치	0.1
데친 문어 다리	0.1

가공품

간장소스 장어구이	3.1
명란젓	3.0
대구알젓	0.4
치쿠와	13.5
한펜(다진 생선살에 마나 쌀가루 등을 갈아 넣고 반달형으로 쪄서 굳힌 식품)	11.4
어묵	9.7

달걀

삶은 메추리알	0.6
생달걀	0.3
삭힌 오리알	0
삶은 달걀	0.3

대두 제품

아츠아게	0.2
유부	0
생콩비지	2.3
비단두부	1.7
얼린 두부(데친 것)	0.6
두유	2.9
생유바	3.3
두부	1.2
구운두부	0.5
삶은 콩	1.8

유제품

에담치즈	1.4
에멘탈치즈	1.6
코티지치즈	1.9
카망베르치즈	0.9
우유	4.8
크림치즈	2.3
고다치즈	1.4
생크림(유지방)	3.1
파르메산치즈	1.9
블루치즈	1.0
프로세스치즈	1.3
요거트(무가당)	4.9

채소류

채소

오크라	1.6
무순	1.4
순무	3.1
호박	17.1
콜리플라워	2.3
양배추	3.4
오이	1.9
아스파라거스	2.1
물냉이	0
우엉	9.7
소송채	0.5

청상추	1.2
쑥갓	0.7
애호박	1.5
셀러리	2.1
무	2.7
콩나물	0
양파	7.2
청경채	0.8
두묘	0.7
옥수수	13.8
토마토	3.7
대파	5.8
가지	2.9
부추	1.3
당근	6.5
배추	1.9
피망	2.8
브로콜리	0.8
시금치	0.3
경수채	1.8
숙주	1.3
모로헤이야	0.4
양상추	1.7
연근	13.5
쪽파	4.6

가공품

데친 죽순	2.2

감자류

고구마	29.7
토란	10.8
감자	16.3
장마	12.9
참마	24.6

버섯류

팽이버섯	3.7
새송이버섯	2.6
만가닥버섯	1.3
생표고버섯	1.5
나메코버섯	1.9
잎새버섯	0.9
양송이버섯	0.1

해조류

톳(건조)	6.6
큰실말(염장, 소금기를 뺀 것)	0
구운 김	8.3
생미역	2.0

식품 당질량(g)	적정량(g)	당질량(g)
주식		
밥		
현미밥	34.2	75	25.7
백미밥	36.8	70	25.8
면		
삶은 우동면	20.8	100	20.8
스파게티(건조)	71.2	40	28.5
소면(건조)	70.2	40	28.1
메밀(건조)	63.0	40	25.2
펜네(건조)	71.2	40	28.5
찐 중화면	36.5	85	31.0
빵		
잉글리시 머핀	39.6	60	23.8
크루아상	42.1	50	21.1
식빵	44.4	60	26.6
바게트	54.8	50	27.4
포도빵	48.9	50	24.5
호밀빵	47.1	50	23.6

▼ 알기 쉬운 분량의 당질량

주류

레드와인(드라이) 100㎖	1.5
위스키 60㎖	0
샴페인(드라이) 100㎖	0.6~1.2
소흥주 180㎖	9.2
소주 60㎖	0
화이트와인(드라이) 100㎖	2.0
진 30㎖	0
사케(혼죠조) 180㎖	8.1
발포주 350㎖	12.6
맥주 350㎖	10.9

시판 빵·과자류

쇼트케이크(1개·110g)	47.3
간장맛 쌀과자(3개·20g)	16.5
다이후쿠(1개·70g)	35.2
구운 치즈케이크(1개·110g)	25.4
도넛(1개·100g)	42.4
도라야키(1개·60g)	33.4
감자칩(1봉·70g)	35.4

과일

아보카도(1/2개·100g)	0.9
딸기(2개·40g)	2.8
귤(1개·75g)	8.3
오렌지(1개·180g)	16.2
감(1개·150g)	21.5
키위(1개·100g)	11.0
바나나(1개·80g)	17.1
사과(1/2개·150g)	21.2

▼ 1큰술의 당질량

조미료

우스터소스	4.2
굴소스	3.3
올리브유 등의 유지류	0
녹말	7.3
밀가루	6.6
백설탕	8.9
소금	0
간장(진한 맛)	1.8
곡물식초	0.4
쌀식초	1.1
토마토케첩	3.8
생크림	0.5
버터	0
폰즈간장	1.0
씨겨자	2.3
마요네즈	0.5
아마미소	5.8
카라미소(색은 옅고 짠맛의 미소된장)	3.1
맛술	7.8
멘쯔유(스트레이트 타입)	1.3
불고기소스	6.0

옮긴이 박선정

중앙대학교에서 일본어와 일본 문학을 전공했다. 번역의 매력에 빠져 글밥아카데미 일본어 출판번역 과정을 수료한 후, 현재 바른번역 소속 번역가이자 외서 기획자로 활동 중이다. 저자와 독자 사이에 튼튼한 다리를 놓는 번역가가 되기 위해 노력 중이며, 옮긴 책으로는《혈류가 젊음과 수명을 결정한다》《가장 쉬운 고양이 자수》 등이 있다.

YURU TOUSHITSU OFF DIET RECIPE
Copyright © 2017 Asahi Simbun Publication Inc.
Original Japanese edition published in Japan by Asahi Simbun Publication Inc., Japan.
Korean translation rights arranged with Asahi Shimbun Publication Inc., Japan through Imprima Korea Agency. Korean translation copyright © 2018 by Luminous Books

이 책의 한국어판 저작권은 Imprima Korea Agency를 통해 Asahi Simbun Publication Inc.과의 독점계약으로 도서출판 루미너스에 있습니다. 저작권법에 의해 한국 내에서 보호를 받는 저작물이므로 무단전재와 무단복제를 금합니다.

3일만 해도 몸이 달라지는 당질 제한식단

저탄수화물
다이어트 레시피 145

초판 1쇄 발행 2018년 6월 15일
초판 5쇄 발행 2020년 7월 10일

-

지은이 오오바 에이코
펴낸이 장재순

-

펴낸곳 루미너스
주소 경기도 고양시 덕양구 덕수천2로 150(동산동), 207동 402호
전화 (02) 6084-0718
팩스 (02) 6499-0718
이메일 lumibooks@naver.com
블로그 blog.naver.com/lumibooks
출판등록 2016년 11월 23일 제2016-000332호

-

디자인 ALL design group(02-776-9862)

-

ISBN 979-11-963347-1-0   13590

* 이 책은 저작권법에 따라 보호받는 저작물이므로 무단 전재와 무단 복제를 금지하며,
  이 책 내용의 전부 또는 일부를 이용하려면 반드시 저작권자와 루미너스의 서면 동의를 받아야 합니다.
* 잘못된 책은 구입처에서 바꾸어 드립니다.
* 책값은 뒤표지에 있습니다.

이 도서의 국립중앙도서관 출판예정도서목록(CIP)은 서지정보유통지원시스템 홈페이지(http://seoji.nl.go.kr)와 국가자료공동목록시스템(http://www.nl.go.kr/kolisnet)에서 이용하실 수 있습니다. (CIP제어번호: CIP2018015701)